U0448155

科创与中国

为什么是杭州，如何不仅是杭州

曹钟雄　郑宇劼＿著

中信出版集团｜北京

图书在版编目（CIP）数据

科创与中国：为什么是杭州，如何不仅是杭州 / 曹钟雄，郑宇劼著 . -- 北京：中信出版社，2025.5.
ISBN 978-7-5217-7592-1

Ⅰ . F124.3

中国国家版本馆 CIP 数据核字第 20251Q9G37 号

科创与中国——为什么是杭州，如何不仅是杭州
著者： 曹钟雄　郑宇劼
出版发行：中信出版集团股份有限公司
　　　　　（北京市朝阳区东三环北路 27 号嘉铭中心　邮编　100020）
承印者： 嘉业印刷（天津）有限公司

开本：787mm×1092mm 1/16　　印张：16.5　　字数：156 千字
版次：2025 年 5 月第 1 版　　　　印次：2025 年 5 月第 1 次印刷
书号：ISBN 978-7-5217-7592-1
定价：88.00 元

版权所有·侵权必究
如有印刷、装订问题，本公司负责调换。
服务热线：400-600-8099
投稿邮箱：author@citicpub.com

目 录

序一　　中国创新密码：民营经济与新质生产力的
　　　　融合之道　史晋川　/ V
序二　　城市如何孕育伟大的科技企业　陈宪　/ XI
自序　　何以杭州：大国创新　/ XVII

第一部分　为什么是杭州

第一章　崛起的中国科创军团：创新杭州，世界的西子
　　　　一、历史上的创新杭州：继承历史名城创造性基因　/ 005
　　　　二、改革开放中的杭州：吸纳工业时代创新智慧　/ 007
　　　　三、创新崛起的杭州：数字经济时代的勇立潮头者　/ 011

第二章　科创杭州：两个"关键时刻"
　　　　一、大国竞争中的典型时刻：中国科创被重新定义——从追赶

　　　　　者到定义者　/033

　　二、数字经济时刻：杭州数字经济的崛起——对中国科技企业
　　　　价值的重新定义　/035

　　三、人工智能时刻："DeepSeek 时刻"——对中国创新的重新
　　　　定义　/038

第三章　理想主义的创业团队：企业家精神和理想主义
　　一、从熊彼特的"创造性破坏"看杭州科创　/046
　　二、每一种创新模式都值得尊重　/048
　　三、企业家理想主义精神在科创大潮中尤为珍贵　/053

第二部分　如何不仅是杭州

第四章　靠前一步的产业政策："有效市场"与"有为政府"的
　　　　高质量互嵌
　　一、城市的理想：中国数字经济第一城　/059
　　二、科技创新政策：打好"三张王牌"　/062
　　三、产业发展政策：杭州产业政策的"三个注重"　/072

第五章　大胆的耐心资本：资本燎原
　　一、"敢投的"产业资金：创新火种的坚定点燃者　/084

二、"会投的"国资基金：创新火炬的长情守护者 / 090

三、"愿投的"耐心资本：创新火焰的众多拾柴者 / 099

四、"创新的"科技银行：创新之火的一路陪伴者 / 107

第六章　服务型政府：打造创业者的应许之地

一、"店小二"精神 / 114

二、不仅招商，更重育商引智 / 117

三、场景培育：把城市变成"超级孵化器"，应用场景也是新型基础设施 / 123

四、科创小镇：新型城市创新空间 / 130

第七章　杭州的文化本底：东南形胜，三吴都会，钱塘自古繁华

一、千年杭城：文化与商贸的交响 / 140

二、人才沉淀：杭州名士与新一代创新人才的对话 / 145

三、浙商企业家精神：读懂杭州人的创业故事 / 149

第八章　协同创新生态：城市之幸

一、大小企业的生态 / 157

二、龙头的引领：生态哺育 / 162

三、创新设施支撑：算力算法支撑 / 168

四、企业创投的赋能 / 170

第三部分　创新中国

第九章　因为中国：国运之运

　　一、大国创新的国运之城　/ 177

　　二、中国经济的创新时代　/ 182

　　三、杭州科创中的"中国"创新链　/ 188

第十章　杭州经验的借鉴：不仅是杭州

　　一、"一张蓝图绘到底"　/ 193

　　二、持续完善的体制机制　/ 196

　　三、敢于"共担风险"的政策扶持：雪中送炭　/ 199

　　四、更善于招才引智育商：和企业一起去创业　/ 201

　　五、"主动服务民营科技企业"的亲清政商关系　/ 204

　　六、不太完美的杭州　/ 206

第十一章　重新定义"全球城市"：科技创新定义一切

　　一、创新何以奔腾不息：创新的城市生态　/ 215

　　二、全球科技的"纽伦东巴"　/ 219

　　三、中国创新的"前沿城市"　/ 224

后记　/ 233

序一

中国创新密码：民营经济与新质生产力的融合之道

史晋川

浙江大学文科资深教授、金融研究院院长，

浙江省人民政府咨询委员会副主任

2024年，深度求索、宇树科技、云深处科技、群核科技、强脑科技、游戏科学——被媒体称为"杭州六小龙"的科技新星横空出世，宛如一夜之间，让杭州从"电商之都"跃升为硬科技的高地。这些企业在人工智能、机器人、脑机接口等前沿领域崭露头角，不仅代表了新质生产力的崛起，更让世界开始重新审视这座城市的创新潜能。是什么让杭州孕育出这样的奇迹？是偶然的火花，还是长期的积淀？在我看来，答案藏在民营经济的活力与市场化改革的基因之中。

杭州的今天并不完全是政府规划出来的。浙江是民营经济大省，并且在民营经济的发展过程中形成了有效市场和有为政府的互动。正是这种互动，使得民营经济能够比较好地完成产业的转型升级，这为"六小龙"在杭州的出现打下了非常好的基础。

因此，要回答"为什么是杭州"，我们需要回溯浙江模式的源头，探寻民营经济如何为杭州这座城市注入不竭的动力。

民营经济的引擎：浙江模式的改革基因

"浙江模式"的核心是什么？是以改革推动发展，即用改革的民营化和市场化推动发展的工业化和城市化。改革开放以来，浙江通过大力发展民营经济，在全国率先从比较单一的公有制经济转变成公有制和非公有制多种经济成分共同成长的格局，这就是资源配置主体的民营化。在浙江民营企业的成长过程中，市场成为资源配置的主要方式，并逐步起到决定性作用，这就是资源配置方式的市场化。浙江的迅速发展是从农村工业化起步的，乡镇企业兴起加速了农村工业化，资源从农业部门流向工业部门，而后进一步流向现代服务业，这就是资源配置的工业化。浙江的工业化促进了城市化，资源不断向小城镇、中小城市、大城市、中心城市聚集，形成了杭州、宁波、温州三大都市圈和浙中城市群等区位优势空间，这就是资源配置的城市化。

浙江的自然禀赋造就了历史文化禀赋，培育了浙江人的经商基因。"七山一水二分田"，意味着只靠土地吃不饱，所以历史上的浙江人不把自己局限在土地上刨食吃，而是抱着开放的心态外出经商，湖州、宁波、温州都有商帮传统。明州港（今宁波港）、温州港、新安江是浙江商人对外经贸的重要通道。宋代的浙江地区，手工业、商业、海外贸易都居全国领先地位，影响本土文化中的重商思想。著名的浙东学派主张"经世致用、义利并举",对一代代浙江人影响深远。浙江经济的发展,首先得益于市场的力量,市场在资源配置中起决定性作用,推动经济发展;其次,政府为市场发挥作用提供更好的条件,起到促进作用。

这些历史脉络,如同根系般滋养着"杭州六小龙"的成长,为杭州的创新奠定了坚实的基础。

科技创新的土壤:有效市场与有为政府的互动

"杭州六小龙"现象,绝非孤立的星火,而是创新生态沃土的果实。这一生态的形成,缘于有效市场与有为政府的良性互动,缘于城市空间与产业政策的精准转型。

2003年7月,浙江省委省政府提出"八八战略",把许多强县都撤县(市)建区,变成大城市的一个有机组成部分。这样一来,就把杭州的主城区做大了,城市框架拉开了,基础设施改进了,然后城市的功能更加丰富了,它集聚各种新的生产要素的能力就大大增强了。政府和企业共同推动新型城市化和新型工业化,民营经济就有了一个更好的发展环境,就为企业的转型升级创造了很好的条件。这个过程一旦展开,杭州就逐渐变成了一个互联网+产业的城市,阿里巴巴、海康威视这些企业蓬勃发展,为杭州发展新产业,以及科技和产业的融合创新进一步奠定了基础,人才开始不断地向杭州集聚,风险投资、私募股权基金不断地向杭州集聚,形成了一种正反馈的加强效应。自然而然地,在这片创业创新的热土上，就有了今天的"杭州六小龙"。

杭州市政府所发挥的关键作用是为各种各样的早期投资、创业投资、风险投资、私募股权基金等，创造一个比较宽松、优良的投资环境。一些有前景的项目是民间资本、社会资本和政府基金共同投资的，但是这些共同投资的项目，绝大部分都是社会资本、民间资本先投的，它们首先做了尽职调查、风险评估、行业评估等，政府基金大多进行跟投。相当一部分被投企业觉得有政府基金跟投，政府为自己的项目背书，十分放心。我们建议各级政府及其部门平常不要以各种各样的名义，包括以支持、关心的名义，跑到企业去做"主动式服务"，而应该重视"被动式服务"，就是当民营经济有需求的时候，要第一时间去帮助它们解决问题。

正是这种"无事不扰、有求必应"的服务型政府理念，让杭州的创新生态如鱼得水。相比某些地区政府部门急于"挑冠军"或"亲自下场"，杭州选择了信任市场、赋能企业。市场则以其无形之手，筛选出最具潜力的技术与团队。

创新主体的转型：从传统浙商到"杭州六小龙"先锋

浙江杭州的创新奇迹，离不开一代代浙商的接力与转型。从"白天当老板，晚上睡地板"的小商贩，到马云的电子商务帝国，再到梁文峰的AI（人工智能）先锋，民营企业家的敏锐与胆识始终是杭州的灵魂。

改革开放以来，敏锐的浙商做出了两个选择：一是抓住2001年中国加入WTO（世界贸易组织）的时机，升级改造传统产业，然后大规模出海，开拓国际市场；二是抓住汽车、住房等新的市场需求，发展新的产业，台州的汽摩配、李书福的吉利汽车、杭州的房地产（如绿城、南都等），还有王水福的西子电梯，都是在这个阶段起飞的。新一代浙商抓住计算机信息技术这一轮新的科技革命的历史机遇，通过创业直接进入前沿互联网行业，代表人物有马云、陈天桥、丁磊、陈宗年等，他们代表的是高新技术产业和现代服务业，带动了浙江经济进入新的发展阶段。

阿里巴巴等企业率先大胆探索、重新界定原来所认定的民营经济和国有经济的产业与市场边界，事实上改变了国有经济和民营经济在金融业的活动边界，使得民营经济也可以承担重大的国家战略。所以为什么以深度求索为代表的"六小龙"出现在杭州，非常重要的一点就是以阿里巴巴为代表的新经济大胆突破民营经济和国有经济传统的默认边界，积极主动地承担国家重大战略。这一点从马云到梁文峰是一脉相承的。

面向未来的信心与改革

"杭州六小龙"现象，不仅体现了当下的创新趋势，更是中国未来的序章。在人工智能席卷全球、"新质生产力"成为热词的今天，杭州的经验为中国经济的高质量发展提供了生动的样本。面对内外挑战，我们需要怎样的信心与行动？在我看来，答案依然是改革、市场与企业家精神的结合。

现在的情况要求我们拿出当年改革开放的勇气，政府致力于营造良好的营商环境，使得企业家能够打消顾虑，提升预期，恢复信心，共同推动经济高质量发展。我一直在呼吁，要鼓励民营企业家发声，探讨科技创新、产业发展、宏观政策、体制改革、对外开放等议题。此外，要进一步重视民营经济的地位。

杭州下一阶段经济发展的目标是培育更多人工智能领域的国际领先者，并成为全球人工智能创新中心。新时代民营经济发展前景广阔、潜力巨大，应鼓励民营企业为推动科技创新做出更大的贡献。目前，民营经济的发展需要一些积极的宏观政策来引导和支持，从短期看，货币政策和财政政策很重要；从中长期看，重点要改善民营经济的营商环境，同时还要借助科学进步和技术提升增强民营经济的自主创新能力。

杭州的创新密码，不仅属于这座城市，更属于中国，属于每一个怀揣梦想的中国人。从"八大王"的平反到"杭州六小龙"的腾飞，浙江的民营经济用40余年的实践证明：只要市场自由、改革不停，创新的火种就会生生不息。面向未来，杭州的目标不仅是成为"中国硅谷"，更要成为全球AI的引领者。我们应该高度肯定杭州现象，同时也应该清醒地看到差距。只有这样，我们才能在现有成绩的基础上，扎扎实实地继续进步。以改革为帆，以信心为桨，中国经济必将在新质生产力的浪潮中，驶向更加广阔的星辰大海。

序二

城市如何孕育伟大的科技企业

陈宪

上海交通大学安泰经济与管理学院原执行院长、教授

在综合开发研究院（中国·深圳）工作的好友曹钟雄和他的合作者写了一本书《科创与中国——为什么是杭州，如何不仅是杭州》，嘱我写篇"序"，惶恐后还是答应了下来。我想，借这个机会，将一段时间以来对"为什么是杭州""南京为什么发展不出'六小龙'"等问题的思考做一个梳理，对城市产生科技型头部企业的主要原因做一个回答，也算是对钟雄书名中"如何不仅是杭州"的一个回应。

"杭州六小龙"、深圳的新兴产业头部企业，都是结果。现在要问的是，它们为什么相对集中地出现在杭州和深圳？2025年2月初，在有人发问"为什么不是深圳，杭州凭什么抢了深圳的风头"后，我在《每日经济新闻》撰文提问："城市因什么诞生伟大的科技型企业？"我当时给出的答案是："城市因为生成了具有竞争优势的创新和产业生态，就大概率有诞生伟大的科技型企业的现实可能。伟大的科技型企业多从初创企业中来。在从

0到1、从1到10的创业创新过程中,它们要经历无数次试错,而且每次试错为对的成功率都极低。在一个具有竞争优势的创新和产业生态中试错,成功率会相对较高。过去,美国的硅谷、中国的深圳,分别成就了一批从初创企业发展而来的伟大的科技型企业,就是因为这两个地方创新和产业生态有自身的独特性,即竞争优势。今天,在杭州,宇树科技、游戏科学和深度求索等'六小龙'集中涌现,也是因为杭州的创新和产业生态彰显了它的独到优势。"

经济学、管理学从生物科学中借用"生态""生态系统"的概念,作为研究创新生态和产业生态的常用术语。我们参照自然生态的概念和原理比照创新与产业生态。一个好的自然生态大致有这些条件:物种的丰富度和生态位多样性;建立在能量流动、物质循环基础上的生态廊道和动态平衡;能够自我维持并提供必要的功能性生态服务,同时具有自我调节能力、足够的韧性和多样化,以应对内外部变化的压力。同时,适度的人类干预是必要的。这些条件对创新和产业生态是基本适用的。

类似于自然生态,创新和产业生态的三个基本构件分别是:"物种",即创业者、企业主和企业家,以及他们创办的企业,其中的行业头部企业是生态的基石;"链",即一个网链,由创新链、产业链、产品链(配套链)、价值链、供应链和服务链等组成,在这些链上都有链主企业,它们和头部企业一样,在生态中发挥关键性作用;"养料",由相关主体——教育与科研机构、金融机构和公共机构等提供人才、资本和服务等。深圳的创新和产业生态在当下中国具有标杆性，其特征是"物种"多样且强大，"网链"完整且坚韧，"养料"充分且健康。特别是市场主导＋政府服务的制度特征，堪称典范。杭州作为后来者，在创新和产业生态孕育科技型企业方面，也日益表现出独特的优势。

现在，我利用钟雄给的机会再补充一下答案。两位硅谷的投资人维克多·W. 黄（Victor W. Hwang）和格雷格·霍洛维茨（Greg Horowitt）具有丰富的实践经验和跨学科研究，撰著了《硅谷生态圈：创新的雨林法则》一书。他们在书中写道："在生态系统中，无论在热带雨林还是在海洋，基石物种一般都扮演着中央支持枢纽的角色。它们和生态系统中其他的部分会产生非常有价值的互动，它们的存在对整个系统有着远超自身物种比例的作用。如果失去了基石物种，那么热带雨林的生物多样性就会开始崩溃，其他许多共生的物种就会消失。"在创新的热带雨林，即创新和产业生态中，基石物种同样也是关键的。这里的基石物种就是企业家，包括实业型企业家和投资型企业家。

在创新和产业生态中，企业家来自做初创企业且完成从0到1的创业者。尽管能够完成从0到1的创业者并不多，但他们并非都是企业家。这里，我们需要提到两位经济学家，一位是美国的经济学家威廉·鲍莫尔（William Baumol），另一位是中国的经济学家张维迎。他们关于企业家的看法有异曲同工之妙。

在鲍莫尔看来，企业家就是那些能够敏锐洞察机会且主动从事某项经济活动以增加自身财富、权力或声望的人。他认为，把企业进一步分为两类不无裨益。第一类包括可复制的，或者从事同现有企业极其相似或相同活动的所有企业。新开设一家鞋子专卖店是创建这类可复制的企业极好的例子。第二类是创新型企业家创办的企业，要么提供新产品或采用新生产工艺，要么进入新市场或采取新的组织形式。张维迎也有类似的看法，他认为企业家大致可以分为两类：一类叫套利型企业家；另一类叫创新型企业家。中国从改革开放初期到10多年前，企业家主要还是以套利型为主。鲍莫尔、张维迎所指的第一类企业家实际上是企业主或商人。作为创新和产业生态中基石人物的企业家是创新型企业家。

维克多·W.黄和格雷格·霍洛维茨在《硅谷生态圈：创新的雨林法则》进一步阐述道："人类热带雨林的基石人物该如何定义呢？多年来，我们观察到某些人在人与人之间的互动交流中发挥的特定作用，对企业创新至关重要。这类互动可以降低热带雨林中商务活动的成本，加快整个系统互动的进程，让有想法的人、有特殊才能的人和资本更容易结合在一起，共同协作。"他们认为，成为热带雨林中基石人物的三个重要特质，是整合力、影响力和冲击力。基石人物可以创造价值的原因是他们是社会信任的中介，特别是在现在信任缺失的时代，基石人物更有价值。

尽管创新型企业家对创新和产业生态如此重要，但我们并不能在人群中直接识别他们，也不可能像培养工程师、科学家那样，在大学里直接培养他们。创新型企业家是在热带雨林中通过无数次试错，并在关键性试错中取得较高"为对"概率的小众群体。这样，条件就归结为两个：其一，更多的"梁文峰"且有创业意愿；其二，"梁文峰"们有更好的试错环境，即创新和产业生态。

在现今的中国，杭州和深圳是比较有代表性的、具备这两个条件的城市。如果要"不仅是杭州"，就要培养更多的"梁文峰"，同时缔造更好的创新和产业生态。让创业者、企业家和创新生态互动协同，造就伟大的科技型企业。这就是答案。

是为序。

自序

何以杭州：大国创新

"杭州六小龙"引发全球关注，堪称"杭州现象"。当下被讨论最多、风头最劲的城市，非杭州莫属。敏锐的战略眼光和未雨绸缪的超前布局，让杭州在创新领域率先起飞，"杭州六小龙"的崛起颠覆了中国人对科技创新的习惯认知，也刷新了国际上对中国企业创新的看法。从为什么是"杭州六小龙"，到为何发展不出"××六小龙"，各大城市都在思考自身在营商环境、科技创新、产业培育等方面应如何优化提升。从《黑神话：悟空》到DeepSeek，具有世界影响力的现象级产品不断出现，实实在在地对欧美产生了巨大影响。杭州犹如"创新鲇鱼"，将中国城市竞争的焦点推向了"创新生态"的深层逻辑，激发各大城市对创新的热情和向往。

20世纪，英国学者李约瑟在其1954年出版的著作《中国科学技术史》中提出："为何在公元前1世纪到公元16世纪之间，古代中国人在科学和技术方面的发达程度远远超过同时期的欧洲，中国的政教分离现象、文官选拔制度、私塾教育和诸子百家流派为何没有在同期的欧洲产生。""为何近代科学没有产生在中国，而是在17世纪的西方，特别是文艺复兴之后的欧洲。"1976年，美国经济学家肯尼思·博尔丁（Kenneth Boulding）称之为"李约瑟难题"。

著名的李约瑟难题让众多关心中国发展和科技创新的人士深感困惑和苦恼。很多人把李约瑟难题进一步推广，衍生出"中国近代科学为什么落后""中国为什么在近代落后了"等严肃话题。我国著名科学泰斗钱学森也曾提出著名的"钱学森之问"："为什么我们的学校总是培养不出杰出的科技创新人才？"长期以来，李约瑟难题犹如一副"精神枷锁"困扰着中国科学界。

回顾全球科技创新史，英国工业革命之前，中国一直引领全球产业和科技创新，一直到19世纪上半叶，中国在陶瓷、丝绸等方面的生产技术代表着当时最高等级的生产力。欧洲经历了近1000年的中世纪之后，才逐步摆脱封建和宗教的桎梏，在吸收中国、古希腊、阿拉伯等文明成果的基础上，开启了16—18世纪近代科学革命和工业革命的历程。

正如吴国盛在《科学的历程》中谈及，"由于长期处在相互隔绝状态，中国与欧洲各自独立地发展出了自己的科学技术，从而形成了各自的科学技术传统"，"中国古代科学技术体系的突出特点是它极强的实用性"。李约瑟站在西方工业文明的巅峰时刻，用现代科学的学科分类体系和相关概念，刻板、机械地整理与研究中国古代的科学和技术，用回溯的方式看待过去中国科技发展的不足，是值得商榷的。人类科技一直在中华文明、阿拉伯文明、古埃及文明，以及现在欧洲文明的不断迭代中更替发展，此消彼长，周期性上升。过去的中国只是处在人类科技发展史上中国的一个历史下行周期而已，而今中国科技创新的崛起正当其时。

远至洋务运动，近到改革开放以来，我国走过了长达百年的模仿创新之路。2001年中国加入WTO融入全球贸易以来，中国产品在世界市场曾饱受欧美的非议，"中国制造"（Made in China）一度是廉价的代名词，中国的创新由"干中学"而来，经历了从模仿学习到自主创新的很长一段过程。在百年未有之大变局下，全球科技创新的天平正加速向亚太地区倾斜，中国的贡献显得越来越重要。世界知识产权组织发布的《2024年全球创新指数报告》显示，全球十大科技创新集群中有7个在亚洲、3个在美国；中国在全球的创新力排名较上年上升1位至第十一，是10年来创新力上升最快的经济体之一；中国拥有26个全球百强科技创新集群，位居世界第一。

随着杭州、深圳等城市的崛起，打破了中国科技创新"跟随者"的刻板形象，中国科技逐渐走到世界科技创新的舞台中央。如今，从航天航空到海洋探索，从超级计算机到新兴武器系统等集中亮相，从华为手机、TikTok到宇树科技机器人等市场产品惊艳全球。如果说中国芯片的研发突破了美国的科技封锁，实现了中国制造在全球创新版图中的"你行我也行"，那么以深度求索为代表的"杭州六小龙",则向世界证明中国在从0到1科技创新领域创造的"我能"。中国以自主创新的锋芒,刺破西方技术霸权的铁幕,正在实现从"中国制造"到"中国创造"的转变,开创一场科技创新的伟大复兴。

在科技创新的关键时代节点,如何更好地推动中国科技创新、激发中国城市的科技创新热情,是当今中国城市和企业面临的"时代之问"。当下,杭州无疑是最佳的案例之一。偶然必须在适宜的土地上才能生长,必然也往往在偶然中孕育。如果说"杭州六小龙"是中国科技创新企业的偶然,那么杭州的崛起就是中国科技创新的必然。当前,以"杭州六小龙"创新者为代表的新一代企业家是"企业家精神"与"科学家式工程师精神"的结合,是敢于以"技术深蹲"换"产业起跳"的理想主义典型代表,是驱动中国科技大爆发的重要力量。这一代创新者已经突破"洗脚上田"一代的"时代局限性",也没有打一份工求"温饱"的包袱,他们站在更高的新起点,秉持对科技和创新的理想追求,有韧性,也有耐力。今日杭州的成功是杭州对创新工作长期坚持的结果,是中国科技企业与城市发展的双向奔赴,更是大国创新的新浪潮。

为什么是杭州,或者说何以杭州,杭州成功的密码就在于走出了一条颠覆性创新的新路子。

第一,杭州树立起"中国数字经济第一城"的"城市理想"灯塔,敢于"靠前一步"做政策创新"弄潮儿"。杭州在别人犹豫时迈步,在别人彷徨时加速,把准互联网和数字经济的大潮,"一张蓝图绘到底,一任接着一任干"。持续加码建设"数字经济第一城",一次次点燃、接续创新火种,让"星星之火"汇聚成"燎原烈焰",形成了"靠前一步"的产业政策体系,建立起创新容错免责机制。在产业政策上,杭州注重对未来赛道的提前卡位布局,以"青年发展型"城市引进创新创业活水,注重打造高密度产业创新生态圈,打造新一代科技创新人才集聚地,注重文化创意与科技的协同创新,完善"创新公配",推动科研成果在地转化,构筑科技成果转移转化首选地,为更多"异想天开"创造机会,建设全国颠覆性技术转移先行地。

第二,杭州善于招才引智育商,和企业一起创业。杭州敢于发展大胆的耐心资本,允许"失控",接受"风险",包容"失败","做难而正确的事",坚定地"成为时间的朋友","让有为者无后忧",愿意当创新陪伴者、能够当创新赋能者、敢于当风险分担者,助力创新火种燎原,这才迎来了杭州创新"百花盛开时"。

第三,杭州愿意坚持做"我负责阳光雨露,你负责茁壮成长"的陪伴者,打造创业者的应许之地。对于创新,很多政府都会遇到一个难题,那就是政府服务"多"与"少"、"远"与"近"。创新发展是一场长跑,政府不能做袖手旁观的"局外人",但也不能当越俎代庖的"操盘手",必须处理好"有所为"与"有所不为"的辩证关系。在招商上,杭州打破"摘果子"思维,不搞"撒钱式"招商、"盲目式"招商,跳出"内卷式"竞争,用场景培育产业,把城市变成"超级孵化器"。在产业空间上,杭州不搞又大又全的园区,聚焦垂直细分领域,建设科创小镇，打造创新闭环，构建新型城市创新空间。在服务型政府的改革理念引领下，杭州政府坚守"店小二"精神，企业无事不打扰，企业诉求必回应，当好创新"取经路"上的守护者，打造"主动服务民营科技企业"的亲清政商关系，杭州同时建设"对民营企业不打扰"的政府，杜绝"行政扰企"，让创新创业者集中精力、心无旁骛地发展自己。

赞美杭州是为了更好地歌颂、致敬这个伟大的创新时代。党的十八大以来，国家高度重视科技创新，以习近平同志为核心的党中央，统筹把握中华民族伟大复兴战略全局和世界百年未有之大变局，部署推进一系列重大科技发展和改革举措。习近平总书记在党的十八届五中全会上提出："创新、协调、绿色、开放、共享的发展理念。"① 党的十九大报告提出："创新是引领发展的第一动力，是建设现代化经济体系的战略支撑。"党的二十大报告进一步提出："坚持创新在我国现代化建设全局中的核心地位。"大国创新的积累，造就了一批时代的城市，也涌现了一批敢于"捅破天"的企业。创新型城市对于实现高水平自立自强和建设科技强国起着战略支点的作用，杭州已在创新赛道上构建起了一片"创新雨林"——既有参天大树，也有茵茵绿草，更有让种子破土而出的阳光、雨露。正是因为这样一些城市不断构建起创新生态，促进很多科创企业不断涌现和发展，创新才得以奔

---

① 高培勇. 紧紧围绕新发展理念深入学习习近平经济思想（深入学习贯彻习近平新时代中国特色社会主义思想·学习《习近平经济文选》第一卷专家谈）[N]. 人民日报，2025-04-01.

流不息。杭州的出圈，是中国创新的一个见证。剖析"杭州六小龙"，我们看到了中国创新的方方面面，见证了"托举起杭州"的中国科技创新的历史性成绩。

剖析杭州是为了更好地借鉴经验，让杭州的星星之火，燎原中国的科创大陆。杭州的出圈不仅引发了国际舆论热议，也激发了全国各地的"自我思考"——为何是杭州？向杭州学习什么？正所谓"他山之石，可以攻玉"，撰写本书的目的，则是试图以智库从业人员的视角，分析杭州的成功经验，给诸多在科技创新路途上奔跑的城市更多启发。从"一张蓝图绘到底"的坚持、敢于"共担风险"的雪中送炭、"招才引智"和"与企业一起创业"，到建设主动服务民营科技企业的亲清政府，再到始终保持"包容十年不鸣，静待一鸣惊人"，这其中既有杭州对创新的耐心包容，更有杭州对科技创新的"战略定力"。

当前，随着以数字经济为主导的科技变革持续深入，科技创新正按照"新技术—新产业—新变革"的发展逻辑对全球科创版图进行重塑。在新一轮科技革命与产业变革深入发展的同时，大国竞争和科技博弈同步加剧，国际科技、产业合作水平和意愿呈现下降态势。全球主要国家正竞逐科技"擂台赛"，一方面持续强化了创新刺激政策，另一方面也加剧了全球科创资源的争夺强度。应对大国竞争，关键还是靠科技创新，更要发挥企业创新主体作用，扎实推动科技创新和产业创新融合，加快塑造高质量发展新动能、新优势。2016年5月20日，中共中央、国务院印发《国家创新驱动发展战略纲要》（以下简称《纲要》）。《纲要》

指出:"党的十八大提出实施创新驱动发展战略,强调科技创新是提高社会生产力和综合国力的战略支撑,必须摆在国家发展全局的核心位置。"

不只是杭州,大国创新呼唤更多的"杭州"。从客观角度看,杭州既非全国最早强调科技创新的城市,也不是科技资源最强的城市,它只是在局部赛道上先行一步,在体制机制和政策创新等方面探索出了独特的打法。除了杭州,我国还有不少优秀的城市一直坚持走在创新的路上。关注杭州、学习杭州的同时,我们要看到北京、上海、深圳、广州、成都等城市在科技创新之路上的经验探索。当然,杭州并非十全十美,其他城市也不可能一味地简单复制杭州的经验,更不可以生搬硬套去建设"一模一样的杭州",而是需要结合各自的优势和资源禀赋,推动技术创新和产业创新。改革风正劲,创新潮更涌,习近平总书记在《发展新质生产力是推动高质量发展的内在要求和重要着力点》一文中强调:"必须做好创新这篇大文章,推动新质生产力加快发展。"① 未来将有更多的"杭州"破浪前行,实现再创新、再发展,逐梦"创新中国"新征程。

---

① 习近平.发展新质生产力是推动高质量发展的内在要求和重要着力点[J].求是,2024(11).

第一部分
为什么是杭州

第一章

崛起的中国科创军团：

创新杭州，世界的西子

一个城市的伟大,在于其能否成为人才与梦想的"放大器"。长期以来,"创新"二字,是烙在浙江尤其是杭州身上的印记,是其先行的底气,也是其持续发展的动力。从历史上的造纸、酿酒、陶瓷、丝织等很多技艺的"第一次"在杭州诞生,到西湖畔的电商传奇,再到钱塘江畔的科技浪潮,当下的杭州已然成为创新的天堂。

一、历史上的创新杭州:继承历史名城创造性基因

所谓"天堂",杭州从不仅仅是静止的风景,而是永动的创造。杭州的历史,也可被解读为不断创新、持续创造的历史。萧山跨湖桥文化时期,距今8000多年前,当时就有人类在此繁衍生息。杭州有文字记载的历史始于秦朝,距今已有2200多年。良渚文化时期,余杭良渚出现城市和国家的最初形态,建成了世

界上最早的水利系统，开启了中华礼制文明先河，是实证中华5000多年文明史的圣地。始建于977年的雷峰塔，是当时中国最著名的砖木结构楼阁式塔。南宋时经济重心完成南移，富庶安宁的杭州成为创新的主阵地，不断厚植崇尚科学、追求创新的人文土壤。毕昇发明的活字印刷，成为惠及全世界的伟大发明。沈括精通数学、物理、化学、天文、地理、医药，所著的《梦溪笔谈》集前代科学成就之大成，被誉为"中国科学史上的里程碑"。在历史长河里，杭州宛如一颗璀璨的明珠，散发着独特的魅力，是我国技术创新、文化创新的关键风向标。从古至今，杭州不仅拥有风姿绰约的"绝代西子"，更拥有钱塘江畔的"新"潮涌动。

城市的兴衰，本质上是一场关于"创新火种延续"与"城市迭代能力"的竞赛。底特律、莱比锡、利物浦因固守传统制造业而没落，雅典、罗马等古都困于历史荣光。在历史长河里，杭州一直备受瞩目，从良渚先民5000年前在此将沼泽变为沃土，宋代杭州高度发达的刻书业将知识从庙堂撒向市井，再到今天的杭州人用代码在数字沼泽中开垦新大陆，创新火种推动着杭州始终走在历史前沿，不断将历史积淀转化为迭代动力，勇立创新潮头。杭州的每一步跨越皆有迹可寻。从更广义的层面看，杭州的创新迭代本质上是中国创新的精彩缩影。当前全球主要国家都在通过推出各类"政府下场"的产业政策招引和集聚产业，似乎觉得产业和创新"都可以招得来"，但杭州的实践证明，中国真正的创新是在创新生态中"长出来"

的，这才是神秘的"东方力量"的成功密码。历史上的杭州代表着我国创新的"来时路"，今天的杭州预示着明天的中国将成为世界创新的标杆。

二、改革开放中的杭州：吸纳工业时代创新智慧

杭州并非经济发展的长期"优等生"，"钱塘自古繁华"必须靠实干。柳永的《望海潮·东南形胜》中的"钱塘自古繁华"深入人心，但杭州经济的高速发展并非"理所当然"。1972年，时任美国总统尼克松在游览杭州后发出"美丽的西湖、破烂的城市"的感慨；1978年，杭州GDP（国内生产总值）在全国仅排名第十九（见表1-1）；借着改革开放的大潮和市场经济的大势，杭州的"逆袭"故事开始上演。改革开放激活了包括杭州人在内的浙江人的"商业基因"，浙商起步于"以商带工"，哪里有市场，哪里就有浙商的身影。"义乌市场""浙江村""温州村"遍布海内外，进入20世纪八九十年代之后的杭州，已然在纺织服装、食品饮料、包装造纸等轻工业领域积累起先发优势，并涌现出像青春宝、娃哈哈及万向等优秀企业，打下了浙江的产业基础和经济基石。2000年，杭州GDP从1993年的424.71亿元增长到1395.67亿元，增长了2.3倍，年均增长18.53%，较全国平均增速高2.52个百分点；工业总产值从1993年的828.92亿元增长到2000年的2409.79亿元，增长了1.91倍，年均增长16.47%（见图1-1、图1-2）。

表1-1　1978年我国GDP前20的城市

排名	城市	1978年GDP（亿元）
1	上海	272.81
2	北京	108.84
3	天津	82.65
4	重庆	71.70
5	沈阳	43.59
6	广州	43.09
7	大连	42.10
8	武汉	39.91
9	哈尔滨	39.27
10	青岛	38.43
11	成都	35.94
12	南京	34.42
13	鞍山	32.79
14	大庆	32.48
15	苏州	31.95
16	石家庄	29.92
17	南通	29.39
18	唐山	29.11
19	杭州	28.40
20	长春	27.93

资料来源：国家统计局。

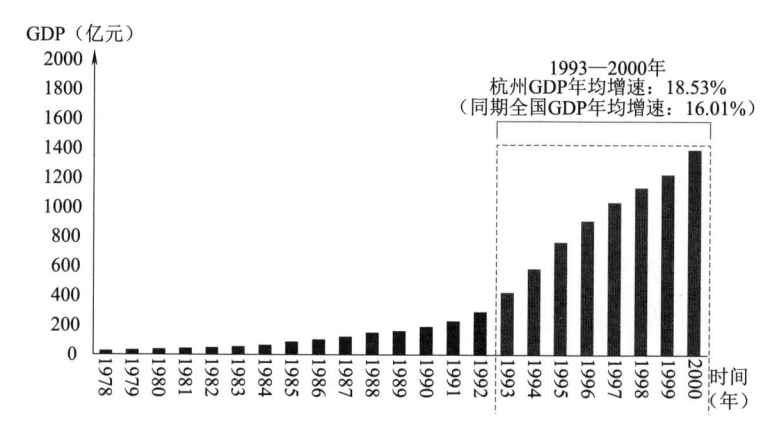

图 1-1　1978—2000 年杭州 GDP、杭州 GDP 增速及全国 GDP 增速

数据来源：国家统计局、杭州市统计局。

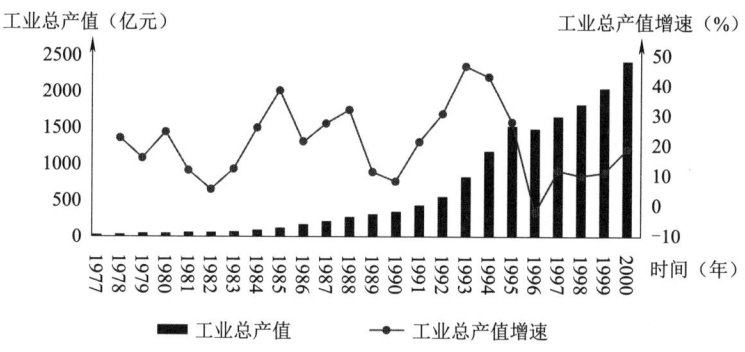

图 1-2　1978—2000 年杭州工业总产值、工业总产值增速

数据来源：杭州市统计局。

电子信息、软件产业快速发展，为数字经济创新打下产业地基。沐浴在改革开放的春风中，杭州趁势而上，电子信息、通信设备制造快速发展，UT斯达康、东方通信成为彼时的行业明星。在工业基础日益雄厚的形势下，杭州的制造业尤其是装备制造业得到快速发展并形成特色，通信设备、计算机及其他电子设备制造业产值占浙江省装备制造业总产值的 1/4，位居全省之首（见表 1-2）。在装备制造业快速发展的驱动下，杭州软件业应势起步。1993 年以来，杭州软件产业先后涌现出一大批应市场需求而生的企业，如新利、浙大网新、颐高、核新软件等。2002 年，党的十六大报告指出："坚持以信息化带动工业化，以工业化促进信息化，走出一条科技含量高、经济效益好、资源消耗低、环境污染少、人力资源优势得到充分发挥的新型工业化路子。"由此，杭州市进入两化融合阶段，即工业化和信息化深度融合，推动产业转型升级。正是在这一时期，阿里巴巴、网易、海康威视等开始崭露头角，杭州的数字经济"创新种苗"在改革开放形成的沃土上发芽、成长、开花、结果。到 2005 年，杭州国家软件产业基地集聚了 900 多家软件及相关企业。

表 1-2　2005 年杭州市规模以上工业总产值超百亿元的产业

序号	产业名称	总产值（亿元）
1	通信设备、计算机及其他电子设备制造业	594.76
2	纺织业	564.82
3	交通运输设备制造业	385.06
4	通用设备制造业	358.19
5	电气机械及器材制造业	355.00
6	化学原料及化学制品制造业	347.65
7	化学纤维制造业	336.32
8	电力、热力的生产和供应业	275.50
9	金属制品业	208.42
10	造纸及纸制品业	202.28
11	黑色金属冶炼及压延加工业	192.21

续表

序号	产业名称	总产值（亿元）
12	纺织服装、鞋、帽制造业	174.85
13	非金属矿物制品业	171.81
14	皮革、毛皮、羽毛（绒）及其制品业	134.61
15	塑料制品业	127.61
16	仪器仪表及文化、办公用机械制造业	109.16
17	饮料制造业	107.50
	合计	4645.77

资料来源：杭州市统计局。

三、创新崛起的杭州：数字经济时代的勇立潮头者

2003年1月，习近平同志在浙江省十届人大一次会议上，以极具前瞻性的战略眼光做出"数字浙江"历史性决策部署。同年7月，浙江省委十一届四次全会将"数字浙江"建设上升为"八八战略"的重要内容。[①] 杭州由此开启了一场勇立潮头的数字经济创新变革实践。这一年，杭州每百户居民家用电脑连入互联网还不到2户。"数字浙江"这一战略在当时甚至让很多人"摸不着头脑"，但正是这种超前的战略眼光，让杭州在数字经济领域率先起飞，铺就面向未来的创新底座。20多年来，浙江省一以贯之深化"数字浙江"建设，主动顺应数字技术新趋势和时代新风向，持续探索数字技术创新与经济社会发展的深度融合方式。当前浙江省在科技创新、产业创新方面取得的可喜进展，正

---

① 浙里改.以数字化改革驱动实现"两个先行"[OL].[2022-08-17].https://www.zj.gov.cn/art/2022/8/17/art_1229603977_59819465.html.

是在这种涌动创新元素、充满智能基因的沃土上形成的。2023年9月21日，习近平总书记在浙江考察时明确强调："浙江要在以科技创新塑造发展新优势上走在前列。"①

（一）时间会说话：数字经济一直都是杭州经济低谷时力挽狂澜的重要力量

习近平总书记指出："发展数字经济意义重大，是把握新一轮科技革命和产业变革新机遇的战略选择。"②在"数字浙江"战略的引领下，在杭州经济发展陷入低谷时，总有一些数字经济企业站出来力挽狂澜，从阿里巴巴、网易，再到"杭州六小龙"，杭州总能在原有主导产业日渐式微后，孵育出新的产业力量和创新生态。

在全球金融危机和激烈的市场竞争下，数字经济创新"救"了杭州。在改革开放大潮中，浙江以"轻"（轻工业）、"小"（中小企业）、"加"（加工业）的所谓"小狗经济"——在无缝化的分工协作中凝聚而成的强悍攻击力量闻名于世。但这些产业集群基本都以价格低廉为撒手锏，全球金融危机带来的需求大量减少给这些产业带来了极大的冲击。2009—2013年，杭州GDP增幅在全国15个副省级城市排名中一直较为靠后（见表1-3），工业产值也被宁波超越。1999年，阿里巴巴入驻杭州，此类数字经

---

① 习近平在浙江考察时强调 始终干在实处走在前列勇立潮头 奋力谱写中国式现代化浙江新篇章 返京途中在山东枣庄考察[OL]. [2022-08-17].https://www.gov.cn/yaowen/liebiao/202309/content_6906217.htm.
② 习近平. 不断做强做优做大我国数字经济[J]. 求是，2022（2）.

济企业的出现,是杭州数字经济发展的开端,也带动了整个城市的产业变革。

表1-3 2013年全国15个副省级城市GDP增速排名

城市	GDP(亿元)	增长率(%)
广州	15 420.14	11.60
西安	4884.13	11.10
南京	8011.78	11.00
深圳	14 500.23	10.50
成都	9108.90	10.20
武汉	9051.27	10.00
青岛	8006.60	10.00
济南	5230.20	9.60
厦门	3018.16	9.40
大连	7650.80	9.00
哈尔滨	5010.80	8.90
沈阳	7158.60	8.80
杭州	8639.91	8.42
长春	5003.20	8.30
宁波	7128.87	8.10

资料来源:各城市统计局。

随着传统制造业逐步式微,阿里巴巴、网易等数字经济企业快速成长,2013年阿里巴巴启动"All-in无线"战略,全面转型移动互联网,推动杭州数字经济进一步腾飞,也打开了杭州数字经济创新和经济发展的"第二曲线",杭州应势在2018年提出建设全国数字经济第一城的发展目标。

1999年阿里巴巴入驻杭州时,杭州GDP为1225亿元,到2020年,杭州GDP已经达到16 106亿元。与此同时,依托消费互联网的发展,杭州在电子商务、移动互联网、数字金融、软件与信息服务、云计算与大数据等方面的创新成绩同样亮眼,涌现出了阿里巴巴云计算、网络设备供应商华三通信、智慧安防海康威视等一批顶尖企业。2013—2017 年,杭州 GDP 年均增速达 10.96%,较浙江省和全国平均水平分别高 1.37 和 0.74 个百分点(见图 1-3)。自 2015 年起,杭州开始统计数字经济核心产业增加值规模,2015—2019 年,杭州数字经济核心产业增加值年均增速为 13.16%,数字经济创新成为驱动城市发展的关键引擎。

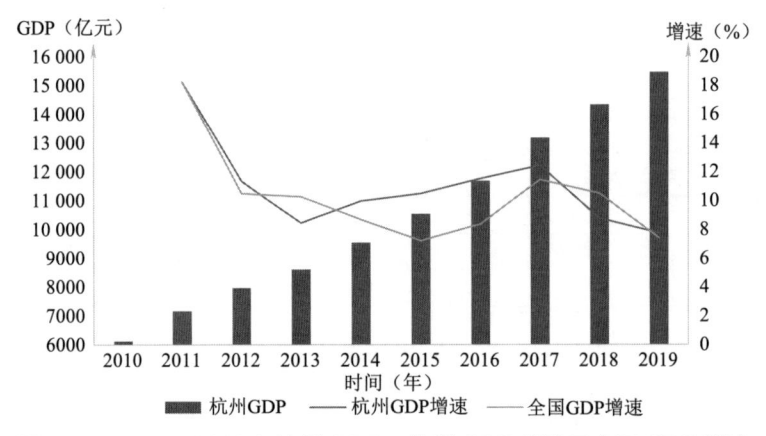

图 1-3 2010—2019 年杭州 GDP、杭州 GDP 增速及全国 GDP 增速
资料来源:国家统计局,杭州市统计局。

随着互联网从消费走向产业下半场,杭州用 AI 等数字经济创新有力地回应了"杭州失速"的灵魂发问。随着消费互联网逐渐达到流量的天花板,其对经济增长的带动越来越乏力。进入 2020 年,"杭州失速"的话题再一次刺痛杭州。2022 年,杭州 GDP

以 18 753 亿元排在全省第一位，但 GDP 增速仅为 1.5%，在全省垫底。正是在这一年，杭州召开了全市数字经济高质量发展大会，城市战略目标从"全国数字经济第一城"变为"重塑全国数字经济第一城"。杭州提出"科技铸魂强基、智能物联强链、企业梯队培育、数字赋能转型、业态模式创新、数据要素激活、数字基建提升和数字治理变革"八大行动，AI 等前沿领域、半导体等硬创新成为发力的重点，也助推了"杭州六小龙"的成长。2023 年和 2024 年，杭州数字经济核心产业增加值均保持相对较高增速的增长（见图 1-4）。2024 年，杭州数字经济核心产业增加值规模达到 6305 亿元，贡献了杭州近 30% 的 GDP（见图 1-5）。2023 年，杭州的竞争力指数从 2022 年的第四名跃升为第二名，位列人工智能科技产业区域竞争力评价指数排名的第一梯队（见表 1-4）。

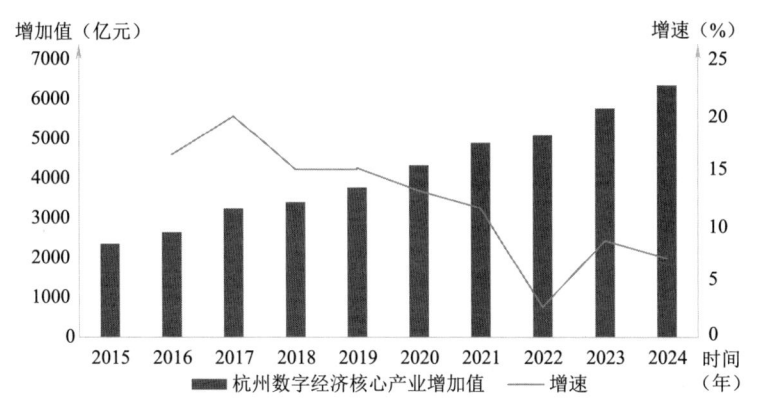

图 1-4 2015—2024 年杭州数字经济核心产业增加值及增速

资料来源：杭州市统计局。

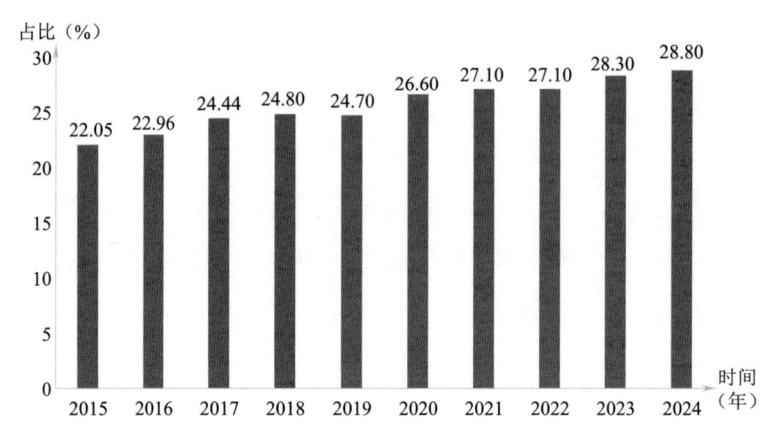

图 1-5　2015—2024 年杭州数字经济核心产业增加值占 GDP 的比重

资料来源：杭州市统计局。

柱状图数据：
- 2015：22.05
- 2016：22.96
- 2017：24.44
- 2018：24.80
- 2019：24.70
- 2020：26.60
- 2021：27.10
- 2022：27.10
- 2023：28.30
- 2024：28.80

表 1-4　2023 年人工智能科技产业区域竞争力排名（前 10 名）

排名	城市	区域竞争力评价指数
1	深圳	84.55
2	杭州	46.88
3	广州	40.82
4	南京	26.83
5	苏州	20.88
6	成都	18.48
7	武汉	16.47
8	珠海	13.49
9	西安	13.02
10	合肥	12.97

资料来源：中国新一代人工智能发展战略研究所发布的《中国新一代人工智能科技产业区域竞争力评价指数》。

（二）数据会说话：从数据里的"万千百十"看新时期的科创杭州

在"全国数字经济第一城"的战略指引下，杭州交出了亮眼的高质量发展成绩单。这座充满崭新活力的城市，正凭借其突出的科创实力，成为具有全球影响力的创新高地。

超万家国家高新技术企业集聚，"年轻"的创新型企业与数字经济第一城的化学效应更加显现。目前，"龙头企业顶天立地、中小企业铺天盖地"的"创新雨林"已然形成。2023年，杭州的国家级高新技术企业突破1.5万家（见图1-6），在全国城市排名中位列第五。在专精特新企业方面，杭州已累计培育国家级专精特新"小巨人"企业478家，培育总量在浙江省遥遥领先，在全国范围内位列第五。在独角兽企业方面，杭州亦成绩斐然。据胡润研究院发布的《2024全球独角兽榜》，截至2024年初，杭州共有24家独角兽企业，在国内仅次于北京、上海和深圳，与广州持平，在全球排名第八。更为重要的是，同比其他城市的独角兽企业，杭州创新型企业更为"年轻"，云深处科技、宇树科技、游戏科学、群核科技、强脑科技都成立于2013年之后，深度求索成立于2023年。这些"年轻化"的科技企业将为创新之城注入更为强劲的发展动力。

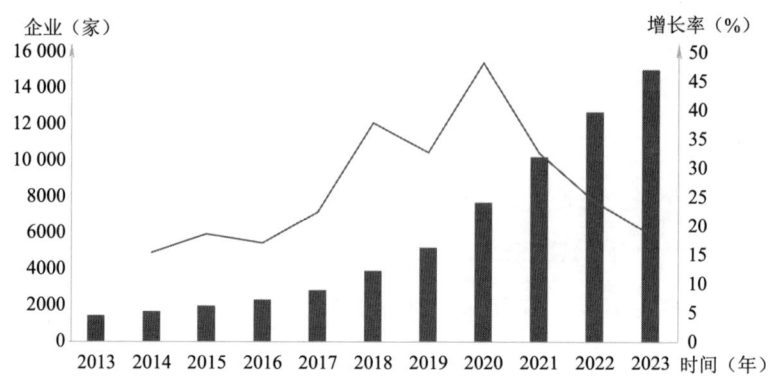

图 1-6 2013—2023 杭州国家级高新技术企业增长情况

数据来源：根据网络公开资料整理。

超 6000 亿元的数字经济核心产业增加值，数字经济领域形成"五个千亿、两个百亿、一个十亿"的发展格局。在数字经济核心产业部分，截至 2023 年底，杭州软件与信息服务产业、数字内容产业、电子商务产业、云计算与大数据产业、电子信息产品制造产业增加值均达到千亿级规模，分别为 4399 亿元、4093 亿元、2307 亿元、1818 亿元和 1349 亿元。物联网产业、集成电路产业增加值为百亿级规模，分别为 675 亿元和 119 亿元。此外，2023 年杭州机器人产业增加值为 48 亿元，是 2020—2023 年杭州数字经济核心产业增长最快的领域，正加速向着百亿级、千亿级产业规模跃进。

近百亿研发经费支出年均增量，彰显着杭州建设科创高地的决心。近年来，尤其是 2020 年以来，杭州研发经费支出快速增长，其中 2021 年研发经费支出增长近百亿元。2013—2023 年，杭州全社会研发经费支出从 248.73 亿元增长到 786.38 亿元，增长超过 2 倍；全社会研发经费投入强度（研发经费与 GDP 之比）从 2.88% 增长到 2023 年的 3.92%，增长超 1 个百分点（见图 1-7）。

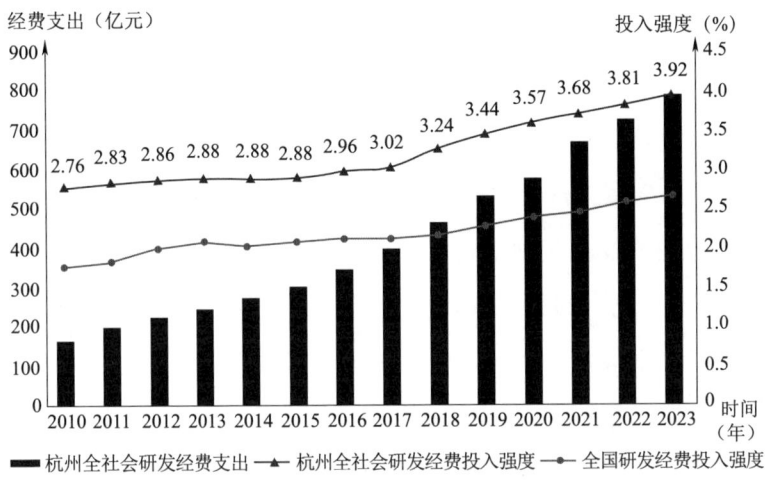

图 1-7　杭州全社会研发经费投入强度增长情况

数据来源：国家统计局、杭州市统计局。

超过 30 家国家重点实验室，科技创新平台构筑起城市创新的坚实底座。近年来，杭州市全力建设重大科技创新平台，一批重大科创平台如雨后春笋般在杭州竞相涌现。2023 年，之江实验室正式被纳入国家实验室体系，杭州实现国家实验室零的突破。2024 年，杭州新增全国重点实验室 15 家，总量累计达到 33 家。1 家国家实验室、2 家国家大科学装置、33 家全国重点实验室、7 家省实验室，杭州市"1+2+33+7+N"科创平台矩阵的形成，吸引了国内外顶尖科技人才与科创团队的入驻，集聚了顶尖多元的创新资源，为开展前沿技术研究与基础研究、强化关键核心技术的策源能力提供了重要保障，为杭州市的科创发展注入源源不断的动力。

（三）企业会说话：从"杭州六小龙"看中国的强劲创新动力

从炫酷的宇树机器人、频频刷屏的 DeepSeek 到"手随心动"的强脑科技智能仿生手，从杭州创新型企业发展轨迹看，"杭州六小龙"大多为杭州孵化企业，这些企业以垂直场景为切入点，为中国高科技企业创新路径找到了一条全新路径（见表1-5）。"杭州六小龙"的集中爆发并非偶然，本质上是"中国全新创新模式+中国特色创新环境"在杭州实践的结果。从"杭州六小龙"的发展来看，越来越多能够重构全球创新格局的技术突破往往不需要颠覆世界的宏大叙事，在垂直领域让技术扎根于产业、让创新走向应用成为"中国创新"的全新范式。可以预见，未来的钱塘江畔，将会有更多的"科技小龙"勇立潮头，踏浪而行，为全球科技创新再添全新的东方叙事。

表1-5 "杭州六小龙"科技企业核心分析

"杭州六小龙"	核心技术壁垒	核心产品	对标企业
深度求索	**低成本高性能算法**：自主研发分布式训练框架和混合专家模型（MoE），其大模型DeepSeek-V3以557.6万美元成本（仅为GPT-4的1/20）实现接近GPT-4的性能，成为全球开源社区下载量最高的模型之一 **普惠化技术路径**：开源模型支持免费商用和衍生开发，覆盖140个国家和地区的应用市场，打破国际巨头技术垄断	开源模型DeepSeek-R1及行业定制解决方案	OpenAI、Meta和Anthropic

续表

"杭州六小龙"	核心技术壁垒	核心产品	对标企业
云深处科技	**多传感器融合导航**：自主研发的SLAM（即时定位与地图构建）算法可在无GPS（全球定位系统）环境下实现厘米级定位，适应电力隧道、地震废墟等极端场景 **模块化设计**：机器人"绝影X30"支持快速更换功能模块（如热成像仪、机械臂），满足多行业定制需求	绝影X30	波士顿动力、ANYbotics
强脑科技	**高精度脑电信号采集与解码技术**：强脑科技通过自主研发固态凝胶电极和可穿戴脑电芯片，实现了高精度的脑电信号采集，并利用先进的信号处理和AI算法，对脑电信号进行高效解码，将其转化为可执行的指令，应用于智能假肢等领域 **智能假肢的精准控制与多场景应用**：强脑科技的智能假肢产品，如智能仿生手和仿生腿，能够通过采集佩戴者的神经电和肌肉电信号，实现精准控制和复杂动作的执行	智能仿生手、智能仿生腿、深海豚脑机智能安睡仪	Neuralink
游戏科学	**自研高性能游戏引擎与图形渲染技术**：游戏科学通过自主研发的高性能引擎，实现了电影级光影效果和物理拟真，突破了依赖海外引擎的技术瓶颈。其引擎支持大规模场景实时渲染与动态物理模拟，显著提升沉浸感，并推动图形处理器（GPU）等硬件技术迭代	《黑神话：悟空》	任天堂、育碧、暴雪
宇树科技	**全栈自研技术壁垒**：自主研发高扭矩密度电机（45牛顿米/千克）、行星减速器及低成本激光雷达（千元级），凭借在四足机器人领域积累的深厚技术基础，成功实现了超过60%的技术复用率，大幅缩短了人形机器人的研发周期 **极致性价比与商业化能力**：通过垂直整合（自主研发替代率超90%）与国产替代策略，人形机器人G1售价9.9万元（国际竞品售价的1/5）	Unitree H1 人形机器人、Unitree G1 人形机器人、B2-W机器狗	波士顿动力、特斯拉
群核科技	**GPU渲染与空间智能平台**：自主研发的GPU渲染技术将单图渲染时间从53秒缩短至1.2秒，大幅提升效率 **群核空间智能平台**：专注于智能体的算法、仿真建设，提供2D与3D的数据给到智能体进行相关导航规划、物体识别、机器人仿真等应用	酷家乐、美间、群核空间智能平台	Autodesk、3D Studio Max

资料来源：Tech Generation、各企业官网。

深度求索：全球 AI 创新底层逻辑重构者。深度求索成立于 2023 年，是一家专注于开发先进的大语言模型与相关技术的创新型科技公司。与海外众多 AI 大模型砸钱堆算力的发展路径不同，深度求索另辟蹊径，通过算法的改进和优化，大幅降低了 AI 模型的计算功耗，以其独具特色的"低成本、高性能"技术路径在全球 AI 竞争中成为创新典范。更为重要的是，深度求索允许全球的开发者和研究人员在软件项目托管平台 GitHub 上自由获取并修改模型，共建共创，共同推进 AI 技术不断向前发展。正如英伟达 AI 科学家吉姆·范（Jim Fan）的称赞，DeepSeek 是"真正开放的前沿研究，赋能所有人"。深度求索的开源策略让全球真正进入"AI 平权时代"，完全颠覆了此前 AI 作为"少数人、少数企业"应用的发展逻辑。几乎所有的 AI 应用都可以在 DeepSeek 架构上重新开发，几乎所有的"AI+"理念和思路都可以在"AI 平权时代"被重新思考和谋划。

宇树科技：全球机器人领域竞争破局者。宇树科技成立于 2016 年，目前已推出四足机器人与通用人形机器人两大核心产品线。从全球范围看，目前波士顿动力依靠液压技术打造的 Atlas 机器人造价超 200 万美元，宇树科技 2021 年发布的 Go1 售价仅为 1.6 万元，2023 年发布的 Go 2 价格更是下探至万元以下，这一创新重新定义了传统的消费级四足机器人市场。

高工产业研究所的数据显示，2023 年全球四足机器人销量约 3.4 万台，宇树科技四足机器人年销量高达 2.37 万台，占据全球四足机器人市场约 69.71% 的份额（见图 1-8）。相比之下，波士顿动力的机器狗销量仅为 2000 多台，宇树科技以超 10 倍的销量优势遥遥领先。

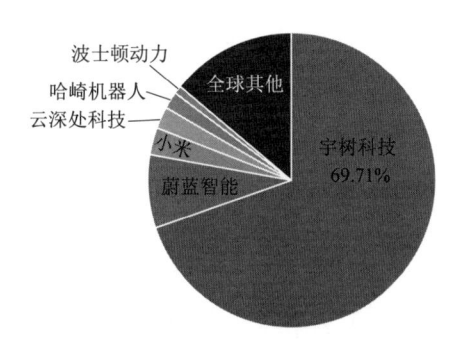

图 1-8　宇树科技四足机器人占全球四足机器人市场的份额

资料来源：高工产业研究所。

2024 年，菜鸟物流引入 1000 台宇树 Unitree 机器人用于仓储搬运，效率较传统模式提升了 4 倍。2024 年 5 月，宇树科技再度发力，发布了 G1 人形机器人，凭借 9.9 万元这一极具竞争力的价格，在全球人形机器人市场再度掀起波澜。与国外的两款热门产品——波士顿动力 Atlas 机器人（尚未商业化）、特斯拉擎天柱（Optimus）机器人（终极目标价 2 万美元，折合人民币约 14.6 万元）相比，G1 以超高性价比成为市场上的"价格杀手"。美国《机器人商业评论》指出："美国液压技术路线可能已被中国终结。"

游戏科学：中国 3A[①] 游戏赛道发展破壁者。2017 年，游戏

[①] 3A 指的是巨额资金（A Lot of money）、海量资源（A Lot of resources）和漫长制作周期（A Lot of time）。——编者注

科学在游戏行业蓬勃发展的浪潮中扬帆起航；2024年8月20日，备受瞩目的《黑神话：悟空》全球同步上线。《黑神话：悟空》是我国首部真正意义上的3A巨作，堪称我国游戏领域的一座里程碑。《黑神话：悟空》上线首周销量突破1200万份，打破《赛博朋克2077》的纪录。其核心引擎"混沌"系统支持实时渲染16K材质，角色面部微表情精度达到好莱坞CG（电影级）级别。更关键的是，该游戏开发成本仅6800万美元，不足《最后生还者2》的50%。游戏平台Steam的数据显示，其玩家中欧美用户占比达42%，标志着中国游戏工业正式进入全球顶级梯队。2024年11月22日，第42届金摇杆奖颁奖仪式上，《黑神话：悟空》荣获年度最佳游戏大奖和最佳视觉设计奖，成为首个在海外斩获国际大奖的国产3A游戏。《黑神话：悟空》通过对中国传统文化的深入挖掘和创新性转化，不仅在国内深受欢迎，也在国际上产生了重要影响，成为中国文化传播的一个成功案例（见表1-6）。

表1-6 《黑神话：悟空》和国外3A游戏首发销量对比

游戏	销量纪录
《漫威蜘蛛侠2》	24小时250万套
《漫威蜘蛛侠》	3天330万套
《战神4》	3天310万套
《战神5》	5天500万套
《最后生还者2》	3天400万套
《塞尔达传说：王国之泪》	3天1000万套
《艾尔登法环：黄金树之影》	3天500万套

续表

游戏	销量纪录
《赛博朋克 2077》	2 个星期 1300 万套
《霍格沃茨之遗》	2 个星期 1200 万套
《巫师 3》	2 个星期 400 万套
《星空》	3 个星期游戏玩家达千万
《黑神话：悟空》	83 小时（不足 4 天）1000 万套
《侠盗猎车手 5》	24 小时超 1000 万套

资料来源：3DMGAME。

强脑科技：全球脑机接口市场应用领航者。1924 年，德国神经科学家汉斯·伯格（Hans Berger）通过头皮电极首次记录了人类脑电波。这一发现被认为是 20 世纪最重要的科学突破之一。强脑科技在非侵入式脑机接口技术上实现重大突破。2015 年，强脑科技于哈佛大学创新实验室孵化诞生，是首家成功入选哈佛大学创新实验室的中国团队。作为国内首个脑机接口领域的独角兽企业，强脑科技长期聚焦脑机接口底层技术的攻坚突破，开启了脑机接口的"平民化革命"。强脑科技的智能仿生手市场价格为 10 余万元，仅为国外同类型产品价格的 1/7～1/5。2022 年 1 月，强脑科技成功实现了全球首个高精度脑机接口产品单品 10 万台量产。目前，强脑科技已经成为和马斯克创立的 Neuralink 并列的全球脑机接口领域中融资规模最大的两家公司。

云深处科技：全球四足机器人市场化应用引领者。云深处科技成立于 2017 年，聚焦与深耕工业场景中行业级机器狗的研发与应用，以垂直领域的刚需撬动具身智能的商业化落地。2018

年，云深处科技自主研发的第一代四足机器人"绝影 Pro"横空出世，作为我国首个能自主导航和智能交互的四足机器人，实现了开创性的技术突破；2021 年，绝影 X20 登场，它是国内首款获得 IP66 防护等级认证的工业级防水四足机器人；2023 年，绝影 X30 再次实现了重大技术跨越，首次将工作温度范围拓展到 –20～55℃，成为业内首款具备极端环境作业能力的四足机器人（见表 1-7）。

表 1-7　云深处科技产品技术突破历程

时间（年）	推出产品	技术与应用突破
2018	绝影 Pro	国内首个完成自主导航和智能交互的四足机器人
2019	绝影 X10	国内首个完成自主充电的四足机器人
2020	绝影 Mini、绝影 Lite	国内率先实现四足机器人电力巡检；国内第一个荣登 Science Robotics 封面的四足机器人
2021	绝影 Lite2、绝影 X20	国内首个 500 千伏地下电缆隧道代人巡检；绝影 X20 是国内首款获得 IP66 防护等级认证的工业级防水四足机器人；国内首次实现四足机器人全自主巡检变电站
2022	行业应用落地	全球范围内首次参加抗震救灾实战演习；全球范围内首次实现机器狗自主集群、未知环境协同搜索
2023	绝影 Lite3、绝影 X30	亚运村地下管廊隧道巡检；已在中国 26 个省市服务 100 余家工业与能源企业；全国首个电力巡检四足机器人首台（套）装备
2024	DR01、云深处山猫	新加坡国家电网项目落地，国产四足机器人首次进军海外行业应用市场

资料来源：云深处科技官网。

目前，"绝影"系列四足机器人已经在电力巡检、应急救援、管廊隧道、建筑测绘、教育科研等多个场景中落地应用（见表1-8）。在电力巡检领域，绝影X30面对变电站复杂多变的地形和不规则的地面，一台即可覆盖2.5万平方米的变电站巡检作业，为电力巡检带来一场效率与安全的双重革命。2024年12月，云深处科技宣布与官方合作伙伴Eastern Green Power深度合作，将绝影X30成功交付新加坡能源集团，这是国产机器人首次进军海外行业应用市场，为海外的电力隧道巡检提供智能化解决方案。

表1-8 云深处科技各领域代表性应用

应用领域	代表性案例
电力巡检	2024年，绝影X30成功交付新加坡能源集团，应用于电力隧道巡检解决方案，是国内第一台在海外电力系统落地应用的行业级四足机器人
应急救援	在国家防汛抗旱总指挥部办公室、应急管理部、浙江省人民政府联合举行的"应急使命·2024"超强台风防范和特大洪涝灾害联合救援演习中，绝影X30与无人机协同完成化学品突发爆燃险情侦察，圆满完成演习任务
管廊隧道	在第19届亚运会和亚残运会上，绝影X20四足机器人在亚运村地下8米电力管廊深处巡查电缆，守护亚运村的供电安全
建筑测绘	2023年，云深处与天宝耐特联合对四足机器人在测绘领域中的应用展开全面测试，共同探索绝影X20四足机器人搭载实景复制、GNSS（全球导航卫星系统）等测绘技术的协同作业
教育科研	2023年，云深处推出新一代灵巧型智能机器狗——绝影Lite3，面向教育科研场景与资深科技爱好者

资料来源：云深处科技官网。

群核科技：空间智能领域的革新者。群核科技成立于2011年，于2013年推出核心产品——空间设计软件"酷家乐"，精准直击家装行业在空间设计、渲染等环节的效率痛点。通过酷家乐，用户只需根据自己的创意，简单拖拽3D（三维）模型就可以快速建模、渲染，生成逼真的设计效果，还能即时调整和修改。美国Autodesk主要依靠传统的CAD（计算机辅助设计）等软件建立核心业务，结合AI提升运作效率；与之不同，群核科技则依托高性能GPU集群的快速渲染实现图像的生成。

截至2024年，群核科技处理一张2K图像的平均时间已经从2022年的53秒大幅缩短至1.2秒，远低于行业平均用时。国内空间设计软件竞争格局相对集中，群核科技排名第一。根据弗若斯特沙利文的数据，2023年按平均月活跃用户数（MAU）计算，群核科技为全球最大的空间设计平台；按收入计算，群核科技为中国最大的空间设计软件提供商，2023年国内市场占有率为22.20%，排名第二的中望软件和排名第三的Autodesk的市场占有率分别为21.90%、16.40%（见图1-9）[1]。

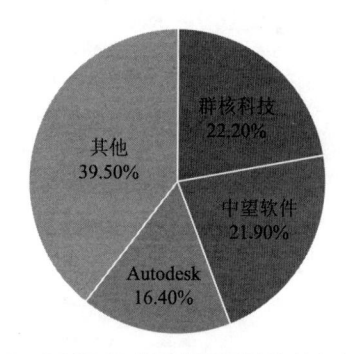

图1-9 2023年中国空间设计软件行业格局

资料来源：弗若斯特沙利文。

---

[1] 屠亦婷，黄莎.空间设计软件行业深度研究：空间设计行业智能化发展 群核科技AI赋能云设计[OL].[2025-02-28].https://stock.hexun.com/2025-02-28/217627539.html.

立足国内市场的同时，群核科技还积极拓展海外版图。作为酷家乐海外版的 Coohom，主要面向美国、韩国、日本及东南亚地区的市场。2024 年，Coohom 注册用户数成功突破 1000 万，并且凭借其独特功能和领先技术，被全球知名软件评级平台 G2 评为 2024 年度 3D 渲染类"领导者"，"最易实施"和"最快实施"的软件。高德纳咨询公司在《2024 年十大战略技术趋势》中指出："中国企业正在定义工业元宇宙的底层数据标准。"

如今，中国已成为全球瞩目的"黑科技圣地"，"杭州六小龙"用实力给世界上了生动的一课。它们不仅打破了硅谷的技术垄断，更展现了"中国创新模式"的独特性。科技创新最终要应用于产业与市场，"杭州六小龙"让"高高在上"的黑科技变成了"实实在在"的产品，这是杭州科创模式的突出特征，也是中国科创的关键优势。

第二章

科创杭州：
两个"关键时刻"

大国竞争靠技术,技术的突围是衡量一个国家科技力量崛起的里程碑。在中国科技创新的崛起中,杭州在数字经济和 AI 两大技术变革的关键时点,率先崛起,给中国创新烙上了时代的印记。数字经济时代,杭州的电商崛起,推动和引领了中国数字经济发展。AI 时代,深度求索更是以一企之力,惊艳全球。

一、大国竞争中的典型时刻:中国科创被重新定义——从追赶者到定义者

从历史经验看,在大国博弈过程中,贸易只是导火索和先行军,科技竞争才是主战场。1957 年,苏联抢在美国之前发射了全球第一颗人造卫星"斯普特尼克 1 号",宣告人类进入太空时代。这个自 1928 年第一个五年计划开始大规模购入欧美的生

产车间、聘请美国专业技术人员的社会主义国家，用短短不到30年的时间实现了对美国的技术超越。"斯普特尼克1号"让美国首次感受到自己的科技霸主地位受到冲击，也改变了世界对苏联的认知，没想到一直跟随美国的苏联竟然在人造卫星领域超越美国。这一事件不仅推动了美苏太空竞赛，更成为冷战时期国际秩序重构的象征。

西方媒体给这个时间点起名为"斯普特尼克时刻"（Sputnik moment）。于美国而言，"斯普特尼克时刻"并非为了纪念人类文明迈出的关键一步，而是为了表达美国在科技领域被对手超越的焦虑，而后这个词语泛指美国在科技竞争中"被超车"的"压力时刻"。"斯普特尼克时刻"本应是一个冷战时期的热词，在当前大国竞争的背景下，越来越多地被欧美政客、媒体用来形容其他国家对其技术和产品突破等的一种表达。2011年1月，美国总统奥巴马在其国情咨文演讲中表示，当代美国人正处在"斯普特尼克时刻"。2019年12月，美国前总统国家安全事务助理詹姆斯·琼斯（James Jones）在《大西洋月刊》上发文，表示在开发和部署安全5G网络的竞赛中，"美国落后了，就像20世纪50年代的'斯普特尼克时刻'一样"。2021年，美国参谋长联席会议主席马克·米利（Mark Milley）将中国的"高超音速导弹试验"与"斯普特尼克时刻"相提并论，表明美国对中国科技进步的担忧。中国以DeepSeek为代表的人工智能产业的发展，又一次被美国相关媒体拿来进行各种炒作。

二、数字经济时刻：杭州数字经济的崛起——对中国科技企业价值的重新定义

杭州电子商务与阿里巴巴的崛起，本质上是政策红利与企业创新能力结合的自然结果。从国家政策层面看，2000年前后，中国互联网开始进入快速发展期，网民数量激增，电子商务和门户网站兴起。2003年是中国互联网的转折点，这一年，中国人的生活和工作因为互联网发生了改变，淘宝、QQ游戏等均诞生在这一年。阿里巴巴正是在这一年开启了飞速发展的新阶段。2005年，《国务院办公厅关于加快电子商务发展的若干意见》（国办发〔2005〕2号）首次从国家层面提出电子商务发展战略，并与2015年"互联网+"行动计划、2016年发布的《电子商务"十三五"发展规划》共同形成连贯的电子商务产业发展逻辑，开启了我国电子商务大发展的"黄金十年"，淘宝、京东商城（2004年）等电商平台快速发展。

从杭州市层面看，杭州在《杭州市国民经济和社会发展第十一个五年规划纲要》中，就将电子商务明确定义为"现代服务业支柱产业"，全力支持电子商务产业发展。在这一过程中，杭州聚焦电子商务产业，将最好的资源、最大的支持、最优秀的政策都给到电商等数字经济企业。

2009年，阿里巴巴总部迁至杭州滨江，享受滨江高新区15%企业所得税优惠（标准为25%），土地出让价格低于市场价30%。同年余杭区开始规划淘宝城（后来的未来科技城），配套

地铁、道路基建投资超 50 亿元。阿里巴巴于 2013 年建成阿里西溪园区一期，后逐步建设二期、三期、四期。自此，西溪园区逐渐成为阿里巴巴集团核心总部，容纳淘宝、天猫、阿里云等核心业务。

2014 年，阿里巴巴赴美上市成功，离不开杭州市政府在"弹性制度＋绿色通道"方面的大力支持。阿里巴巴赴美上市前夕，杭州市政府联合浙江省政府向中央争取 VIE 架构[①]"分类监管、个案默许"，降低阿里巴巴境外上市的合规风险，同时积极协调国家外汇管理局特批阿里巴巴 50 亿美元外汇额度，用于 VIE 架构下资金的跨境调度。2014 年上市筹备期，杭州市政府成立了专班协助阿里巴巴完成 37 项合规证明（如税务无违规、土地权属清晰），审批时间压缩了 70%。

到 2014 年，杭州电商交易额突破 1.56 万亿元，同比增长超 30%，集聚电商企业超过 30 万家，基本形成了"平台＋物流＋支付"企业生态集群，占全国电商交易总额的 1/6。至此，杭州成为全球电商城市格局的关键枢纽。上市后，阿里巴巴的市值一度超越亚马逊，标志着中国科技企业首次站上全球资本舞台的顶端。

阿里巴巴的上市并非单纯的商业成功，而是中美科技竞争进入"锯齿形引领"的分水岭。所谓锯齿形引领，就是二者像锯条一样，既相互竞争，又相互合作，你前我后地在局部发生动态

---

① 可变利益实体（variable interest entities，VIE），即"VIE 结构"，又称"协议控制"，其本质是境内主体为在境外上市采取的一种方式。

变化。阿里巴巴以电商（淘宝和天猫）、支付（支付宝）、云计算（阿里云）技术全链路展示中国企业的系统创新能力，打破美国对中国"模仿者"的刻板印象。

阿里巴巴的 eWTP（电子世界贸易平台）与亚马逊全球开店战略在新兴市场（东南亚、中东）正面竞争，阿里云通过"去IOE"①推动国产替代，其自主研发的飞天操作系统成为后来中国云计算崛起的基石，挑战美国在 IT（信息技术）基础设施领域的霸权地位。在这一阶段，美国数字经济在绝对规模和基础技术领域占据明显优势，而中国凭借庞大的市场和商业模式创新实现高速追赶，中美进入锯齿形引领新阶段。在这种锯齿形引领下，中美在数字经济领域各有所长、相互咬合、相互连接、相互补充。"淘宝 vs 亚马逊""支付宝 vs PayPal（贝宝）""阿里云 vs AWS（亚马逊云科技）"一度成为讨论热点，《华尔街日报》提出，"中国互联网巨头的崛起让华尔街重新评估全球科技格局。"

以阿里巴巴为代表的数字经济企业在美国上市，触发全球对中国科技企业价值的重新评估。阿里巴巴于 2014 年 9 月 19 日在纽约证券交易所（以下简称"纽交所"）上市，股票代发行价 68 美元/股，首日开盘价 92.7 美元/股，收盘价 93.89 美元/股，涨幅达 38.07%（见表 2-1）。其市值达到 2314 亿美元，成为当

---

① 这里的 I 是指服务器提供商 IBM，O 是指数据库软件提供商甲骨文（Oracle），E 则是指存储设备提供商 EMC，三者构成了一个从软件到硬件的企业数据库系统。

时全球第二大互联网公司,仅次于谷歌。阿里巴巴当天的交易量达到 2.68 亿股,成为纽交所历史上最大的首次公开募股(IPO)之一,占纽交所当日总交易量的近 8%,总成交额约 250 亿美元,约占当日美股总成交额的 5%。阿里巴巴在美国成功上市,推动全球投资者重新审视中国科技企业的增长潜力,也掀起了京东、微博等中概股赴美上市热潮。先锋领航集团、贝莱德等机构将阿里巴巴纳入核心持仓,中国科技股成为全球资产配置的"必选项"。

表 2-1 阿里巴巴 IPO 与其他超级 IPO 对比

企业	时间	IPO 当日市场表现
脸书(现名 Meta)	2012 年	首日涨幅仅 0.6%,市值 1040 亿美元
维萨	2008 年	首日涨幅 28%,融资 197 亿美元
阿里巴巴	2014 年	首日涨幅达 38.07%,市值 2314 亿美元

资料来源:根据网络公开资料整理而成。

三、人工智能时刻:"DeepSeek 时刻"——对中国创新的重新定义

在当前全球科技发展的汹涌浪潮中,AI 毫无争议地成为最为瞩目的焦点领域,中美两国毋庸置疑地站在了这场科技变革的前沿阵地。AI 竞争已经不仅是企业间的较量,而是国家能力与制度创新的全域博弈。AI 正在大规模地提升所有人的生产效率,AI 时代对人类社会产生的影响力、冲击力,在很大程度上会比

互联网时代更迅猛、更暴烈。从这个角度看,哪个城市、哪个国家能够在 AI 时代率先突围,就获得了在 AI 时代成为全球科技创新高地的入场券。2025 年 2 月 5 日,德意志银行的研究报告指出,2025 年,投资界将意识到中国正在超越世界其他国家。越来越难以忽视的事实是,中国企业开始在几乎所有行业处于领先地位。"这是中国的'斯普特尼克时刻',而非人工智能的'斯普特尼克时刻'。"

深度求索改写了杭州"电商之都"的标签,更打破了"中国更擅长模仿"的叙事。2021 年,《杭州市人工智能产业发展"十四五"规划》出台,标志着杭州从数字经济应用创新向"全球数字变革策源地"的战略跃升。也正是在这一年,深度求索在杭州完成工商注册,成为首批入驻中国人工智能小镇的重点企业。2023 年,深度求索被纳入杭州"中国视谷"战略,获得 20 亿元专项基金支持。2025 年年初,深度求索 C 端产品引爆社交媒体,完成从"工具"到"现象"的跃迁。当 OpenAI 讨论如何降低应用程序编程接口(application programming interface,API)成本时,深度求索的开源社区已聚集了数十万开发者。

深度求索在技术原创性(如 MoE 优化、小样本学习)上的突破,扭转了国际对中国 AI "重应用、轻基础"的刻板印象。更为重要的是,采用"国产 GPU+ 自研 ASIC(专用集成电路)芯片"混合架构,将华为昇腾 910B 芯片与寒武纪思元 590 芯片结合,实现 A100 显卡 80% 的运算效率。德意志银行在其报告里提道:"DeepSeek 打破了世界认为能够遏制中国的信念。"DeepSeek 的上线不仅是中国 AI 产业技术能力的证明，更是全球 AI 权力格局重构的标志性事件，象征着中国在大模型领域实现了从"代差追赶"到"局部并跑"甚至是"局部领跑"。表 2-2 总结了 DeepSeek 的发展历程。

表 2-2 DeepSeek 的发展历程

阶段	时间（年）	发展历程
技术突破期	2021	**技术积累：** • 自主研发分布式训练框架"深算 1 号"发布，支持千卡级集群训练，但主要限于学术圈和工业界极客群体 • 尚未形成公众认知，技术影响力集中在专业领域
	2022	**垂直场景验证：** • 工业质检系统在长江存储产线落地，0.12 秒 / 片的检测效率引起制造业关注，但未进入大众视野 • 行业媒体首次报道，初步在 B 端市场建立口碑
	2023	**技术对标国际：** • 发布 175B 参数大模型，中文理解能力超越 GPT-3.5（C-Eval[①] 评分 83.5 vs 80.2），引发科技媒体热议 • 入选《麻省理工科技评论》"50 家聪明公司"，首次进入国际视野
场景引爆期	2024	杭州亚运会部署 AI 翻译、智能安防系统
	2024	推出"DeepChat"公测版（类 ChatGPT）
	2025	与字节跳动合作 AI 生成短视频工具，触达 C 端用户，日活跃用户超 5000 万

资料来源：根据网络公开资料整理而成。

DeepSeek 的上线标志着中美 AI 竞争从技术竞争转向生态竞争，是中国建设自主 AI 生态的关键一步。当前，全球 AI 竞争已

---

① C-Eval 是一个全面的中文基础模型评估套件。——编者注

经从过去的"单一技术突破"转向涵盖芯片、框架、应用、规则等多方面的"全生态掌控力"比拼。从上游芯片看，DeepSeek等新一代大模型训练需要千卡级算力集群，推动了华为昇腾910、寒武纪思元等国产 AI 芯片的规模化应用，加速了国产替代进程（见表 2-3）。

表 2-3　国产芯片与 DeepSeek 合作场景

领域	芯片组合方案	替代效果
大模型训练	昇腾 910+ 海光 DCU 异构集群	替代英伟达 H100 集群，训练成本降低 40%
智慧城市	寒武纪 MLU370+ 摩尔线程 MTT S4000	替代英特尔至强 + 英伟达 T4 方案，能效比提升 2 倍
工业互联网	天数智芯天垓 100 边缘部署	替代英伟达 Jetson 系列，设备故障预测实时性达 99.3%
AIGC[①]生成	摩尔线程 MTT S4000+ 昇腾 310	实现 4K 图像生成速度 15 秒 / 张，达到主流竞品水平

资料来源：根据网络公开资料整理而成。

从 AI 应用下游看，DeepSeek 通过行业落地积累垂直领域数据（如工业质检图像库），反哺模型迭代，形成"数据越多→模型越强→场景越广"的飞轮效应。若中国在 AI 领域能够形成类似于安卓（Android）的开放生态，将进一步提振中国在全球 AI 创新体系中的地位。

---

① AIGC，即人工智能生成内容。——编者注

从规则与标准层面看,深度求索通过开源社区 DeepSeek Hub 吸引全球开发者(超 30% 为非中国开发者),形成了独立于 Hugging Face 的技术生态,正在加速重构模型分发与协作规则。深度求索在全球掀起一场"规则革新",也向非洲、拉美地区提供了欧美框架之外的替代选项。

第三章

理想主义的创业团队:
企业家精神和理想主义

根据迈克尔·波特的"国际竞争四阶段"论，我国已经逐步进入创新驱动阶段（见表3-1）。从制造业发展期进入科技发展期，这就意味着我国将从人口红利的比较优势向后发优势，进而向自我创新的比较优势转型，我国很多领域需要从模仿创新、跟随式发展向自主创新、并跑式、领跑式发展转变。从历史长河看，每一次科技革命都伴随着科技强国的兴起和世界科学重心地理位置的转移。当前，国际科技博弈的白热化，使创新不再是一个选项，而是一种生存的必要条件，更是一种颠覆传统观念、打破旧有全球创新格局的"破坏性"力量。

表3-1 迈克尔·波特的"国际竞争四阶段"论各阶段的创新特征

阶段	创新特征
要素驱动阶段	**技术依附性：** • 依赖自然资源与廉价劳动力，技术以**引进**、**模仿**为主 • 创新投入低，集中于初级加工技术

续表

阶段	创新特征
投资驱动阶段	**技术改进型创新：** • 通过资本投入吸收技术，以**工艺优化**与**规模化生产**为主导 • 本土研发萌芽，但核心专利依赖进口
创新驱动阶段	**自主创新突破：** • 基础研究投入加大，原创技术与高附加值产业崛起 • 产学研深度融合，全球技术标准参与度提升
财富驱动阶段	**创新停滞风险：** • 资本转向金融投机，实体创新动力衰减 • 技术代际差距扩大，依赖既有优势维持地位

一、从熊彼特的"创造性破坏"看杭州科创

约瑟夫·熊彼特在其 1942 年出版的著作《资本主义、社会主义与民主》一书中系统阐释了"创造性破坏"（creative destruction）理论。所谓"创造性破坏"，简单来讲就是在"破碎"中"重建"，如 iPhone 的诞生重新定义了手机，开创了智能手机新行业，对传统手机行业带来摧毁性打击。

在熊彼特"创造性破坏"理论中，"创新""生产要素的新组合"或"经济发展"大致分为五种情形：一是产品创新，即采用一种新的产品或一种产品的新特性；二是工艺创新，采用一种新的生产方法，这种新方法不一定需要建立在科学新发现的基础之上；三是市场创新，即开拓以前不曾进入的市场；四是资源配置创新，即拓展或控制原材料或半制成品的供应来源；五是组织创新，即创造新的市场组织格局（见表 3-2）。在这一理论下，经济发展并非渐进式改良，而是通过新旧产业更替的剧

烈震荡实现。

表 3-2　熊彼特"创造性破坏"理论中五大创新类型的典型代表

创新维度	案例	破坏对象
产品创新	iPhone 取代功能手机	诺基亚、黑莓
工艺创新	福特流水线颠覆手工作坊	传统制造业
市场创新	电商开拓线上零售市场	实体百货商店
资源配置创新	页岩气技术重构能源格局	传统石油巨头
组织创新	平台经济替代垂直一体化企业	传统雇用制

熊彼特独具慧眼地将现代经济发展的源泉追溯为由企业家精神驱动的创新活动。他将现代经济发展的原因归结为创新，或者说持续不断的"创造性破坏"，通过创新带来更多、更好的商品和服务，从而促进经济增长和发展。他进一步指出，这种"创造性破坏"正是经济发展的根本动力。这种乐于在不确定的环境中大胆尝试，并对社会生产进行"创造性破坏"的品质，被熊彼特称为"企业家精神"。企业家引入创新（新产品、新技术、新市场等），摧毁旧有经济结构，犹如"产业飓风"扫除落后产能。进入数字经济时代，杭州在全球科创格局中的"显示度"不断提升，移动支付、人工智能领域"颠覆性创新"成为杭州这座城市的蜕变密码。

创新活动之所以发生，是因为企业家的创新精神。企业家的创新是经济增长的驱动力，创新能够从内部不停地破坏旧有的市场均衡，同时不断地创造新的秩序和结构。这一动态竞争的过程强迫旧模式出局、改变,并通过更新换代带来经济增长。同时,在"创造性破坏"理论框架下,熊彼特认为小微企业是经济创新的源泉,相较于大型企业受制于商业化目标和短期回报的压力,小微企业更易突破既有框架,实现技术跃迁。"冒险性创新"往往源于小微企业对技术纯粹性的追求,成为突破行业天花板的原动力。

特斯拉 CEO(首席执行官)埃隆·马斯克在第 16 届 WELT 经济峰会上接受采访,点赞中国工程师,认为中国拥有大量聪明且非常有上进心的工程师,所以应该预料到中国可以做出很多伟大的东西,DeepSeek 只是这些伟大的创造物之一,这其实是中国人才济济的结果。杭州作为"中国数字经济第一城",其创新活力不仅体现在阿里巴巴、网易等头部企业上,更根植于庞大的中小企业集群。"杭州六小龙"依托"非对称创新"路径,在细分垂直领域集中资源突破细分领域,让"长板比短板更优先",形成了独特的创新范式,成为杭州高质量创新的典型代表。

二、每一种创新模式都值得尊重

在科技创新浪潮中,我们要尊重延续性创新的"迭代力量",更需要欢迎和拥抱颠覆性创新的"重构潜能"。创新可以分为多种形态,既可以是颠覆性创新,也可以是延续性创新,不同的创新模式并非对立或孰优孰劣的关系,而是互补共生,共同形成创新的"双螺旋"。延续性创新更多由现实主义驱动,但是过度注重现实主义有可能失去转型的机会。延续性创新是指在现有技术和创新轨道上实行渐进式优化，提升性能、降低成本或改善体验，如华为麒麟芯片不断缩小与高通的差距。

在发端于20世纪80年代且长达几十年的美日芯片竞争中，日本通过成立"超大规模集成电路技术共同研究所"，集合了其国内7家大型机构，着力从事集成电路的研发和设备的制造生产，并逐渐超越了美国，从而在该领域占据主导地位。20世纪60年代，美国地球物理公司（GCA）制造出第一台接触式光刻机，并成为当时的主流产品。日本企业尼康和佳能在引进与学习美国先进技术的基础上，逐渐追赶并超越美国企业，到1984年国际光刻机市场几乎被尼康和佳能两家公司垄断。尼康凭借生产的光刻机性能和所提供的服务，一步步击溃当时制造光刻机的巨头GCA，并在1985年正式超过GCA成为光刻机第一大供应商。1984年ASML（阿斯麦）成立，在持续加强研发下，于2004年研发出可以实现7纳米工艺的浸润式光刻机ArFi，并在市场竞争中脱颖而出，逐渐取代日本企业，迅速占领光刻机产业的市场。2007年，ASML推出EUV（极紫外线）光刻机，由此成就了今天ASML在光刻机领域的霸主地位。

光刻机在国际上演绎的就是由小微企业颠覆性创新实现技术驱动的典型案例。颠覆性创新大多由理想主义驱动，是一种开辟新的"技术边疆"的行为，更多地体现为打破边界、重塑定义、突破"天花板"（见表3-3），如特斯拉迫使传统车企转型电动化，SpaceX用可回收火箭技术将卫星发射成本降低90%，重塑航天业生态等。

表 3-3　创新中的理想主义精神与现实主义精神

维度	理想主义精神	现实主义精神
核心驱动力	改变世界的愿景、突破边界的渴望	可行性验证、资源效率最大化
风险偏好	容忍不确定性，追求颠覆性跃迁	控制风险，注重渐进式改进
时间导向	长期主义（10年+技术预研）	短期兑现（3~5年商业化）

杭州政策设计和创新生态的精妙之处在于，让延续性创新和颠覆性创新在动态中实现平衡，既有如芯片技术的迭代、云计算技术的延续性创新等为创新生态夯实技术基座，更有敢于在AI、脑机接口等领域前瞻布局，敢于成为"创新鲇鱼"的颠覆性创新，为行业生态持续提供全新活力。随着AI、量子计算、脑机接口等技术的爆发，杭州将有望孕育下一代"颠覆者"，这一过程将不仅关乎杭州的城市竞争力，更将为中国乃至全球提供"创新驱动转型"的鲜活样本。

我们可以回顾一下，全球化时代一家小企业因一个产品创新对世界格局产生影响的故事——集装箱运输。集装箱运输的问世使全球运输业发生了革命性变革，实现了海陆联运，大大提高了运输效率。一个小小的变革推动了经济全球化。

早在1845年，英国铁路就曾使用载货车厢互相交换的方式——最早的集装箱进行运输。1853年，美国铁路企业开始进行集装箱运输。1928年，欧洲各大铁路公司签订集装箱运输和交换协议，集装箱作为一种运输工具被逐步推广开来。1933年，国际商会（ICC）在巴黎成立国际集装箱局，以促进国际"多式联运"（多种运输工具复合联运）的实践与发展。尽管如此，集装箱的潜在价值仍未引起人们的广泛关注，直到一个名叫马尔科姆·麦克莱恩（Malcom Mclean）的人出现。1953年，囿于日益拥堵的高速公路交通状况与近海航运公司的竞争压力，麦克莱恩开始考虑新的运输方案。原本的方案是先将挂车装上货轮，沿海岸运送至目的地附近的港口后，再由卡车将挂车送达最终目的地。这样做不但装卸作业效率更高，而且运价水平更低，还可以避开拥堵的公路交通。新方案决定仅装载集装箱，不搭载挂车底盘。至此，真正意义上的现代集装箱运输出现了。

1956年4月26日，载有58只集装箱的"理想X号"货船从纽瓦克港起航，驶向得克萨斯州的休斯敦港，世界海运由此进入集装箱运输时代。经事后测算，"理想X号"的装船成本仅为15.8美分/吨，而当时普遍采用的人工装船成本为5.83美元/吨，后者是前者的37倍。麦克莱恩用事实证明了集装箱的经济优势。麦克莱恩后来也被世人誉为"现代集装箱运输之父"，这不仅因为他促使现代集装箱运输成为现实，更重要的是，他对集装箱运输模式的系统革新。在不到半个世纪后，全世界90%的货物都是通过集装箱运输的。

长期以来，我们习惯性地将创新划分为两大类，即从0到1和从1到N。科技创新从0到1是原始创新，是从无到有，不是简单地改头换面、跟踪模仿、敲敲打打，而是独辟蹊径、探索未知。从1到100容易，只是量的变化，从0到1最难，这是质的改变。当前，很多人简单地认为从0到1就是基础理论、基础科学的概念提出，从1到N是简单的复制和模仿。

在对创新的看法和认识上，还普遍存在另一种偏见，即总觉得西方产品的出现是从 0 到 1，中国是从 1 到 N 的模仿创新。人们习惯性地认为苹果、特斯拉、谷歌、ChatGPT 等是从 0 到 1 的突破，深度求索等"杭州六小龙"的产品不是从 0 到 1。毫无疑问，这种观点是片面的。ChatGPT 来自机器学习、神经网络及 Transformer 架构的多种技术模型积累，经历多类技术路线演化而成，没有人否认它是人工智能发展史上的里程碑。DeepSeek 以"低成本＋开源"模式深度切入全球 AI 大模型，再次激发全球性科技浪潮。DeepSeek 的颠覆性从美国科技股，特别是芯片股的影响可以看出一二。DeepSeek 推出不久，2025 年 1 月 27 日，纳斯达克综合指数出现 3% 的下跌，原因是 DeepSeek 模型引起美国投资者的关注。纳斯达克副主席罗伯特·H.麦柯奕（Robert H. McCooey）在接受采访时表示，DeepSeek 将是 AI 领域革命的重要组成部分。在一定程度上，DeepSeek 影响了全球 AI 的发展，也加速了中国 AI 的发展进程，给中国带来的技术进步不亚于 ChatGPT。

从当前全球创新的实践看，不管理论创新，还是产品创新，只要是目前世界上尚未发现，还未实现大规模商业化、产业化，都应该理解为从 0 到 1，都是产业创新或技术创新的重大突破。

客观地讲，苹果、特斯拉、Space X、ChatGPT 等都没有改变当前全球基础科学，也没有提出新的科学概念，但它们实实在在地推动了全球科技和产业的变革。同样，看待"杭州六小龙"，我们需要这种认识。我们理应认识到，当前中国科技创新、创新产品，也在实现从 0 到 1 的突破。正如 10 年前强脑科技成立时将"技术改变世界"作为其坚持的方向。任何一种创新都值得尊重,任何一个伟大的产品都是一次从 0 到 1 的变革。同样,美国的《阿凡达》《功夫熊猫》和中国的《哪吒之魔童闹海》《黑神话:悟空》一样是全球文化产品的从 0 到 1,ChatGPT 和 DeepSeek 也一样都是全球 AI 大模型的伟大产物。

三、企业家理想主义精神在科创大潮中尤为珍贵

理想主义精神是穿越科技周期的火种。在科技创新与产业创新过程中,理想主义是推动突破认知边界、"挑战不可能"的核心动力。在熊彼特看来,创新活动之所以发生,是因为企业家的创新精神。企业家与只想赚钱的普通商人和投机者不同,个人致富充其量只是他的部分动机,而最突出的动机是"个人实现",即"企业家精神"。"企业家"(entrepreneur)一词来自法语,其原意是"冒险事业的经营者或组织者"。

从杭州来看,杭州文化基因里始终存在一组"悖论":一边是"淡妆浓抹总相宜"的士大夫美学;另一边是浙东学派"通商惠工"的实用主义血脉。恰恰是这种士大夫精神与实用主义的合流成就了杭州在科技创新中的理想主义精神。企业在"士大夫美学"的熏陶下敢于坚持理想主义,在涌动的"通商惠工"的实用主义血脉中又善于将"理想主义式的创新"应用于场景、服务于产业。正如宇树科技 CEO 王兴兴所言:"我们不是在追赶波士顿动力,而是在定义机器人该如何服务于中国土地上的真实需求。"

这种既扎根现实又仰望星空的理想主义，正是硬科技突破"卡脖子"困境过程中杭州的创新底色。

创业式创新并非易事，更加需要创业者以无畏的精神和创新的思维，不断探索和突破边界。当前，以"杭州六小龙"的梁文峰等人为代表的新生代企业家不同于上一代的创业者，新一代的企业家已经走过"前辈们"创业"填饱肚子"的阶段，量子计算机、仿生外骨骼、无人驾驶、脑机接口等技术也不断革新着创业者关于科学技术边界的认知与想象。这些"工程师式"的创业者，比前辈更有条件、有基础坚持"创新理想"，更像"工程师精神"在当代的诠释。例如，宇树科技一直坚持让机器人"人人可及"的技术理想，强脑科技的理想主义内核则表现在创新始终围绕"技术服务于人"的理念展开，选择技术落地场景时优先考虑社会需求，而非资本短期收益率最高的领域。云深处工程师享有高度的自主权，如允许将20%的时间用于高风险技术预研，同时设立"最佳失败奖"，鼓励突破性创新。

当前，新一代创新者秉承着改变世界的理想和信念进行创新活动，已经跳出传统的模仿和跟随的路径，"敢为天下先"，聚焦赛道，久久为功，不断催生新技术、新产品、新模式。

第二部分

如何不仅是杭州

第四章

靠前一步的产业政策:
"有效市场"与"有为政府"的高质量互嵌

杭州的企业敢当弄潮儿，杭州的产业政策同样敢于弄潮。杭州在别人犹豫时迈步，在别人彷徨时加速，一次次点燃、接续创新火种，让"星星之火"汇聚成"燎原烈焰"。"靠前一步"的产业政策，实现了"有效市场"与"有为政府"的高质量互嵌。

一、城市的理想：中国数字经济第一城

（一）把准大局势：谋全局，定方向

"八八战略"和"数字浙江"点亮了杭州的"城市理想"灯塔。2003年，浙江省政府工作报告明确将"数字浙江"定位为"全面推进浙江省国民经济和社会信息化、以信息化带动工业化的基础性工程"。同年7月，浙江省委第十一届四次全会将"数字浙江"作为"八八战略"的重要内容深化推进，强化其作为区

域发展核心引擎的地位。作为"数字浙江"和"八八战略"的核心承载地,杭州率先探索数字经济与城市发展的融合,为数字经济创新发展打下了坚实基础。

(二)蓝图绘到底:积跬步,至千里

"一张蓝图绘到底,一任接着一任干",政策持续加码建设"数字经济第一城"。2014 年,当阿里巴巴在纽交所上市时,杭州市政府做了关于城市战略目标的颠覆性决定:将城市定位从"东方休闲之都""生活品质之城"转向"全国数字经济第一城"。2014 年,杭州在全国率先打响"一号工程"的发令枪,以发展信息经济、推动智慧应用为核心内容,开启了数字经济的加速发展之路。2016 年,杭州成为我国首批"数字经济"城市。

2018 年,杭州在数字经济核心产业营收突破万亿元的背景下,持续激活数字经济新动能,做出全面推进数字产业化、产业数字化和城市数字化协同融合发展的战略部署,明确提出打造"全国数字经济第一城"的目标。2022 年,面对消费互联网"红利减弱"的问题,杭州召开全市数字经济高质量发展大会,确定了高水平重塑"全国数字经济第一城"的新路径,即以数字化改革为牵引,以科技创新为核心动力,以打造智能物联产业生态圈为重点,大力实施"1248"计划(见表 4-1),推动数字经济核心产业创新提质,以数字融合理念积极构建智能物联、高端装备、生物医药、新材料、绿色能源"五大产业生态圈",加快构建以数字经济为核心的现代化经济体系。

表4-1　2022年杭州数字经济"1248"计划

"1248"计划	发展内容
"1"	是指一个总目标，即高水平重塑全国数字经济第一城
"2"	是指到2025年，杭州规模以上的数字经济核心产业营业收入超2万亿元
"4"	是指杭州将要发力打造的4个功能定位：数字经济理念和技术创新策源地、数字产业和人才高地、数字经济政策和制度先行地、数字资源配置和开放合作战略枢纽
"8"	是指实施科技铸魂强基、智能物联强链、企业梯队培育、数字赋能转型、业态模式创新、数据要素激活、数字基建提升、数字治理变革"八大行动"

资料来源：根据网络公开资料整理而成。

2023年，杭州发布《杭州市数字经济创新提质"一号发展工程"实施方案》，将未来产业作为核心突破方向，聚焦技术前沿领域，构建"硬科技"驱动的产业生态体系，进一步为数字经济的高质量发展指明了方向。在"数字经济第一城"的城市战略指引下，杭州的"战术打法"一直在"因时而变"，但"战略目标"从未改变。

如今，"中国云谷""中国视谷"正在加速建设，之江实验室的量子计算机闪烁着幽蓝的光芒，四足机器人昼夜不停奔跑，新一代仿生手具备了温度、压力感知功能，"在杭州点击鼠标，联通的是整个世界"已成为这座城市数字经济高质量发展的生动写照。

（三）种好责任田：抓落实，见成效

"千斤重担大家挑，人人头上有指标"，以不遗余力的坚守夯实城市发展的底气。杭州数字经济的每一道笔触，都饱含着对理想的执着与严苛。随着杭州数字化改革的不断推进，政府绩效考核项目也经历了从经济智慧应用专项考核到数字经济考核，再到"三化融合"考核的演变。杭州自2018年起建立"三化融合"专项考核机制，将数字经济发展的目标任务纳入全市综合考评体系。该考核机制由市数字经济发展工作领导小组（市委、市政府主要领导任双组长）统筹推进，重点评估各区县和市级部门在数字经济核心产业规模、数字赋能成效、重大项目落地等方面的表现，考核结果直接与绩效考核挂钩。杭州以考核为杠杆，将数字经济从单一产业维度提升为城市发展的系统性工程，从政策文件转化为可量化、可追溯的刚性任务，更是在"以考促建"过程中，确保在数字经济领域的引领地位从"规模领先"迈向"质量领跑"。

二、科技创新政策：打好"三张王牌"

（一）构筑科技成果转移转化首选地

1. 完善"创新公配"，推动科研成果在地转化

杭州高校资源优势明显，拥有四十余所高校，其中双一流高校2所。在"2024软科世界大学学术排名"中，杭州有8所高校入选世界前1000名。强化科研成果的在地转化，是杭州科技创新政策的重点，更是杭州实现差异化布局的突围点。

早在2016年，《中共杭州市委　杭州市人民政府　关于深化

改革　加强科技创新　加快创新活力之城建设的若干意见》（以下简称《若干意见》）就将支持科技成果在杭产业化和众创空间、孵化器等"创新公配"建设作为政策重点。《若干意见》提出"加大对重大科技创新成果在杭实施产业化的奖励力度"。同时，《若干意见》对建设众创空间、星创天地、科技企业孵化器等也提出了明确的奖补标准，即"对经认定的国家、省级企业互联网'双创'平台，分别给予100万元、50万元专项资助"。在一次性认定的基础上，杭州市2022年印发《构筑科技成果转移转化首选地的若干政策措施》："对年度绩效考核优秀、良好的众创空间分别给予30万元、20万元运营资助。对年度评价合格及以上的科技企业孵化器每培育出一家高新技术企业或技术先进型服务企业，给予15万元奖励。"

截至2023年6月1日，杭州拥有市级以上孵化器（含众创空间）513家，国家级科技企业孵化器数量达65家，连续12年位居全国省会城市、副省级城市第一。[①] 根据科技部科技评估中心发布的《中国科技成果转化年度报告2023（高等院校与科研院所篇）》，在高等院校科技成果转化总合同金额前50名中，浙江大学位居第一，浙江工业大学排名第五十。

2. 走好"科技成果转化的最初一公里"

科技成果转化作为一项系统性工程，具有流程复杂、环节较多、涉及面广等特点，可分为基础、准备、实施、落地及评价

[①] 新增8家！杭州国家级科技企业孵化器增至65家[OL].[2023-06-01].https://kj.hangzhou.gov.cn/art/2023/6/1/art_1228922127_58925658.html.

5个阶段，共涉及 11 个步骤，往往每一步都面临重重堵点。对创业者来说，这 5 个阶段的 11 个步骤都是一次又一次地跨越"死亡之谷"。经过多年的探索，目前我国很多城市在推动"四链融合"①过程中，在应用研究、中试熟化、产业化等阶段已经有了相对成熟的政策布局和平台设置，但普遍在概念验证环节存在缺失。然而，概念验证是促进科技成果转化漫长链条中的重要一环。

概念验证中心最早诞生于美国，在《拜杜法案》的推动下，2001 年美国加州大学圣迭戈分校建立了全球第一个高校概念验证中心（冯·李比希中心）。2009 年之后，美国联邦政府加强对概念验证中心的支持，现在全美已经建成 40 余家概念验证中心，其中的典型代表有加州大学圣迭戈分校的冯·李比希中心、麻省理工学院的德什潘德技术创新中心等。概念验证中心发挥早期科技成果筛选及验证功能，所谓"概念验证"，就是判断一项成果在技术上可不可行、在市场上有没有商业价值。这就像一个"筛子"，在众多富有创意的前沿技术中选出能转化的"种子"，从而提高种子的发芽率，解决基础研究成果在向市场转化过程中的"最初一公里"问题，降低早期风险，旨在解决产业界不愿创新、不敢创新等问题，助力科技成果跨越"死亡之谷"。

杭州是浙江最早部署概念验证计划的城市。2022 年 11 月，

---

① "四链融合"具体是指，围绕产业链部署创新链，以科技创新赋能产业升级；围绕创新链布局产业链，促进科技创新衍生出新兴产业；围绕创新链完善资金链，借助资本力量促进产业化发展；依托"三链"平台聚集人才，构建人才链强大的智力支撑。

杭州发布《杭州市概念验证中心建设工作指引（试行）》，提出杭州将打造全国科技成果概念验证之都，重点围绕主导产业布局30家概念验证中心（见表4-2、表4-3）。2022年11月到2024年1月，杭州市第一批15家概念验证中心已挖引入库项目756个、验证项目357个、转化落地项目193个，项目获投融资44.74亿元。① 截至2024年底，以西湖大学主导的西湖大学创新药物概念验证中心，已入库项目38个，其中，中心运营主体直接持股内部孵化企业18家，间接持股外部公司3家，企业估值合计近100亿元。②

表4-2 杭州第一批15个概念验证中心

序号	概念验证中心
1	国科新型储能材料和技术概念验证中心［由国科联动创新科技服务（杭州）有限公司创建］
2	杭州市视觉智能概念验证中心（由浙江省北大信息技术高等研究院创建）
3	启真创新概念验证中心（由杭州启真创新创业服务有限公司创建）
4	杭州市新一代信息技术与智能系统概念验证中心（由北京航空航天大学杭州创新研究院创建）
5	杭州高端医疗器械概念验证中心（由杭州德诺睿华医疗科技有限公司创建）
6	杭州市大数据智能概念验证中心（由浙江大学计算机创新技术研究院创建）
7	杭州市集成电路概念验证中心（由浙江大学杭州国际科创中心创建）

---

① 从"技术1"到"产业100"聚合效应让"硬科技"变现[OL].[2024-05-20].https://china.qianlong.com/2024/0520/8265003.shtml.
② 杭州公布首批6家概念验证中心认定单位名单[OL].[2025-01-06].https://mp.weixin.qq.com/s?__biz=MzI4Mjc3OTg2Ng==&mid=2247579445&idx=1&sn=9b408d8a3b3d5bb9910f2171b5cf7268&chksm=eaada9152b5e2ea9bf62bb92065180e16e739fdb91a20e4d461d02bf91f08c429d429548d650&scene=27.

续表

序号	概念验证中心
8	杭州市高端装备概念验证中心（由之江实验室科技控股有限公司创建）
9	杭州市高端装备概念验证中心（由浙江大学高端装备研究院创建）
10	杭州市新药创制概念验证中心（由浙江大学智能创新药物研究院创建）
11	杭州市生物基新材料概念验证中心（由浙江杭化新材料科技有限公司创建）
12	先进光电功能材料杭州市概念验证中心（由杭州光学精密机械研究所创建）
13	杭州市超细粉末及复合材料概念验证中心（由建德华明科技有限公司创建）
14	杭州市合成生物学产业技术概念验证中心（由杭州中美华东制药有限公司创建）
15	杭州市生物医药概念验证中心（由西湖大学创建）

资料来源：杭州市科技创新创业协会。

表4-3 杭州第二批15个概念验证中心

序号	概念验证中心
1	杭州市浙大城院脑重大疾病创新药物及技术概念验证中心
2	杭州市国科大新型光电智能感知概念验证中心
3	杭州市云栖增材制造概念验证中心
4	杭州市石虎山机器人概念验证中心
5	杭州市白马湖低碳节能技术概念验证中心
6	杭州市滨创低空立体交通系统概念验证中心
7	杭州市西电智能汽车电子概念验证中心
8	杭州市浙创院飞航智能技术概念验证中心
9	杭州市杭师大硅材料概念验证中心
10	杭州市浙智创新诊疗器械概念验证中心
11	杭州市服造院绿色制造工艺与装备概念验证中心
12	杭州市杭电智能感知概念验证中心
13	杭州市三花热管理与智能化控制概念验证中心
14	杭州市浙工大先进传感材料概念验证中心
15	杭州市青能能源低碳利用概念验证中心

资料来源：杭州市科技创新创业协会。

（二）打造新一代科技创新人才集聚地

1. 建设高层次人才和青年科学家的"逐梦摇篮"

杭州青年科学家与高层次人才政策极具吸引力，顶尖人才可享受最高1000万元天使梦想基金资助，研发项目入驻3年内可享受最高3000万元研发补助，产业化项目入驻3年内可享受最高500万元的设备补助与最高3000平方米的租金全免支持，特殊情况实行"一事一议"，最高可获得1亿元项目资助。此外，杭州还建立了人才分类认定体系，对A～E类人才分层匹配购房补贴（最高800万元）、子女入学、医疗绿色通道等权益。这些高精准、大力度的人才政策，使得杭州日益成为高层次人才和青年人才的"逐梦摇篮"。强脑科技创始人因入选了"西湖英才计划"B类项目，获得300万元创业资金，享受3年租金全免及5000万元算力补贴。

2. 以"青年发展型"城市引进创新创业活水

杭州在人才战略上独辟蹊径，摒弃了"院士争夺战"的短期竞争思维，转而构建以青年人才为核心的创新生态体系，形成了"青年人才筑基—创新生态赋能—尖端成果涌现"的可持续发展路径，实现从"抢人才"到"长人才"。杭州清醒地认识到，青年是城市最重要的创新主体，创新过程必定曲折，充满风险挑战，但就是要陪伴他们一起追逐梦想，不惧等待和失败。早在2008年，杭州就出台了《杭州市高校毕业生创业三年行动计划》，从创业资助、平台建设、基金引导等方面给予支持，"中国杭州大学生创业大赛"也应运而生。在此后的16年里，杭州坚持助力大学生创业的初心不改,"三年行动计划"已滚动出台六轮。"每日互动"是杭州第一家上市的大学生创业企业。

2023年,杭州市人民政府办公厅印发第六轮《杭向未来·大学生创新创业三年行动计划(2023—2025年)》,提出全力打造一批具有全国影响力的大学生创新创业平台和"新锐杭商"。杭州大力实施全球青年人才集聚"青荷计划",积极打造"浓淡青春,相宜杭州"的青年创新创业生态。比如"青荷游学",以实习见习、游学访学为主,每年提供10万个以上的岗位,对符合条件来杭实习者给予工作和生活补贴。"青荷工程"支持青年人才挑大梁、当主角,在市级人才计划中,青年支持比例提升至60%左右。据报道,DeepSeek团队成员多为清华大学、北京大学等头部高校应届毕业生、博士实习生及毕业几年的年轻人。根据智联招聘的研究数据,杭州2020—2023年人才净流入占全国的1.2%~1.6%,人才净流入率连续多年居全国前列,新引进35岁以下大学生连续5年超35万人。

3. 走出国内引才"舒适圈",面向全球人才

杭州对于海外优质创业团队开展主动搜寻、主动邀请、主动服务等活动,促成了强脑科技、群核科技等在杭绽放。2018年,杭州一个考察团在美国波士顿的一间地下室里找到强脑科技,尽管当时脑机结合只存在于科幻电影,创始团队所制作的模型也比较粗糙,但基于对未来产业的前瞻布局,杭州依然决定向团队抛出橄榄枝,邀请其落地杭州,给予租金减免等优惠,并邀请专家进驻,提供"保姆式"创新服务。杭州市人民政府办公厅印发的《杭向未来·大学生创新创业三年行动计划（2023—2025年）》规定："高层次留学回国人员在杭创新创业项目，可申请3万~100万元资助；特别项目可采取综合评审的办法，给予最高500万元资助。"

（三）建设全国颠覆性技术转移先行地

1. 建立创新容错免责机制，为更多"异想天开"保留机会

OpenAI的两位人工智能科学家在《为什么伟大不能被计划》一书中介绍了科技发展史，认为对未知的机会秉持开放和灵活的态度、多些包容能够收获更多"意外"的伟大发现。在追赶阶段，创业者有既定的学习追赶榜样，可以参照既有路线有计划地前行。但在引领阶段，创业者站在科技和商业的"无人区"前沿，创业活动更富未知性和探索性，反复迭代和失败再失败往往成为常态，此时需要浸润在包容性强的创新创业生态中才能接续探索。

2016年7月出台的《浙江省科技创新"十三五"规划》中，就提到"重视科研试错探索价值，建立鼓励创新、宽容失败的容错纠错机制"。2021年，浙江省科学技术厅印发《关于构建科技创新容错免责机制的实施意见（试行）》（征求意见稿），持续落地科技创新容错免责机制。[①] 在此基础上，杭州市政府设立了"创新创业容错机制"，允许企业在创新过程中出现失败

[①] 浙江省科学技术厅关于公开征求《浙江省科学技术厅关于构建科技创新容错免责机制的实施意见（试行）》意见建议的函[OL].[2021-10-21].https://kjt.zj.gov.cn/art/2021/10/21/art_1229225203_4756843.html.

而不影响其后续政策支持,并鼓励各区积极探索科技创新容错免责机制。

2024年,萧山区科学技术局研究出台了《杭州市萧山区企业创新容错管理办法(试行)》(以下简称《办法》),具体提出了5项可以给予容错的情况(见表4-4)。承担区级科技计划项目的企业和科研人员被认定为容错免责的,可以不影响相关评价与考核,不影响再次申请财政资金支持的科技项目。比如,以电池及其控制系统为核心业务的万向一二三股份公司,在区级重大科技计划项目的推进中,因项目开发难度和新冠疫情影响等,进展延缓,未能及时完成验收。经"创新容错"申请、调查和审核,萧山区科学技术局通过了该项目延期3个月验收的申请。

表4-4 《杭州市萧山区企业创新容错管理办法(试行)》给予容错的5种情形

序号	具体情形
1	探索使用新机制、新方法、新技术、新模式,因在全国无先例可循或政策界限不明确而导致的偏差、失误或失败
2	在科学实验、研究试验、中试小试等创新活动过程中,因创新型行为的不可预见性,虽采取了必要的防范措施,但仍然出现过失,尚未造成严重后果的
3	在实施获得区级财政资金支持的探究性较强的创新项目时,已勤勉尽责,因技术路线选择失误、市场风险影响或其他不可预见原因,未实现项目预定目标的
4	在推进职务科技成果赋权、单列管理等科技成果转化集成改革工作中,积极探索具体改革路径和模式,没有牟取非法利益,因科技成果价值评估、国有资产管理、科研人员创新创业及科技成果作价入股等方面政策界限不明确、缺乏经验,虽经充分调研论证,但仍发生误判造成损失损害的
5	符合"三个区分开来"要求并经备案审核可以容错的其他情形

2. 实行创新试错补偿机制，给予企业放手一搏的勇气

在杭州，企业研发失败可以申请最高 300 万元的创新风险补偿金。云深处科技 CEO 朱秋国就曾表示，当初他们之所以敢孤注一掷地研发高端工业机器人，杭州的补偿政策是不可或缺的底气。这种机制不仅降低了创新成本，更重塑了城市精神——在杭州，失败不再是终点，而是"获得政府认证的创新勋章"。2022年，杭州设立 50 亿元科创母基金，对符合战略方向的失败项目给予一定比例的成本补偿。杭州将个体创新失败风险转化为系统可承载成本，这样的风险兜底机制给改革创新者撑腰壮胆，大大提升了跑出成功创新项目的概率。

3. 创新"沙盒监管"试验，为颠覆性创新应用落地加速

杭州的"沙盒监管"始于金融科技创新试点，后逐步扩展至 AI、机器人、脑机接口等硬科技领域。这一机制通过划定风险可控的试验空间，允许企业在真实场景中测试新技术和新模式，同时建立动态监管框架，有效地平衡了创新与风险。强脑科技在脑机接口领域的技术进展便得益于杭州对创新项目的审慎包容，其非侵入式脑机接口设备，在封闭医疗场景中完成伦理评估和技术验证，加速了医疗器械的审批流程；云深处科技的"绝影 X30"四足机器人通过"沙盒监管"快速完成野外巡检场景验证；群核科技的虚拟现实技术则通过"沙盒监管"对接工业设计、教育等应用场景。杭州在前沿科技领域的"沙盒监管"模式，为其他城市提供了可复制的制度创新样本——在守住风险底线的前提下，以弹性监管释放技术革命潜力。

三、产业发展政策：杭州产业政策的"三个注重"

（一）注重对未来赛道的提前卡位布局

1. 强化前瞻布局是杭州产业政策的底层逻辑

进入21世纪以来，杭州产业政策的突出特征在于以前瞻性战略眼光布局未来产业，其政策设计普遍超前5~10年，通过制度创新与生态构建抢占技术制高点。

早在2014年，杭州便推出了"一号工程"，将信息经济和智慧应用作为城市转型的核心战略，比全国大多数城市更早锚定人工智能赛道。2017年，浙江省在全国率先提出"机器人+"政策；杭州于2018年提出打造"中国数字经济第一城"，2019年提出打造"AI高地"，2022年提出建设国家人工智能创新应用先导区。同一时期，很多城市仍热衷于"芯片制造""新能源制造"等领域的招商引资，而杭州通过选择技术门槛高、产业链条长、应用场景广的领域进行"非对称突围"，既规避了产业的同质化，又为城市构建了可持续的创新动能。

从本质上讲，杭州的布局逻辑是跳出传统制造业"制程内卷"和"产能内卷"，转向更前沿领域的布局以实现全产业链生态构建，在更高维度上重构产业竞争力。2025年，杭州市人民政府发布《杭州市未来产业培育行动计划（2025—2026年）》，明确提出布局"5+X"未来产业体系，涵盖通用人工智能、低空经济、人形机器人、类脑智能、合成生物五大风口产业，以及元宇宙、量子科技等多个前沿领域。这些产业当前尚处于技术孵化期，预计在2030—2035年形成规模化应用，杭州政策设计超前5～10年的底层逻辑进一步得到了验证。通过打造政策早半步的"时间红利"，杭州培育出如深度求索、宇树科技等标杆企业的同时，也为未来10年参与全球科技竞争奠定了基础。

2. 注重前沿产业领域与传统优势产业的创新联动

前沿领域的创新不能一直停留在实验室，也不能仅停留在概念设计层面。一直以来，从云计算、大数据到AI大模型，杭州一直在强化前沿产业领域与传统优势产业的融合创新。

在云计算发展阶段，杭州城市大脑成为创新应用的最大场景。在智能物联创新阶段，杭州将优势产业作为培育新动能的关键土壤，自2021年起着力构建以"产业大脑+未来工厂"为核心的产业数字化系统，在生物医药、数字安防、化纤、快递等19个行业开展产业大脑示范。在"AI+"发展阶段，杭州则以电商这一最突出的优势产业作为重点，推动AI创新走向产业、走向市场。

在杭州市第一批AI应用场景清单中，以新零售、精准营销、智能导购等为代表的智慧商贸是场景开放和场景创新的重点领域。杭州依托阿里巴巴国际站的出海计划，在2024年10月推出"'百千万'跨境电商计划"，向具备自主创新和产品研发能力的企业（"跨境100强"）、跨境贸易中坚企业（"千万网商"计划）、商品供应链企业（"万品出海"计划）提供高效、低成本的应用支持。根据《杭州市加力推动跨境电商高质量发展行动计划》，预计到2026年底，杭州跨境电商出口总量提升到1400亿元以上，较2024年翻一番，在AI与跨境电商融合领域形成应用示范案例100个以上。杭州对借助AI开展自主品牌推广的企业，给予不超过推广费用25%的资金扶持；对运用AI技术的服务跨境电商服务企业，给予最高100万元的一次性资金扶持。

（二）注重打造高密度产业创新生态圈

1. 围绕高校搭建环大学大科创平台产业创新生态圈

任何科技创新都离不开人才的支持，正如美国硅谷，斯坦福大学是硅谷的重要发源地之一，拥有世界著名的斯坦福研究园。被誉为"硅谷之父"的美国斯坦福大学前副校长弗雷德里克·特曼（Frederick Terman）在1951年就提出创建斯坦福研究园。硅谷聚集了诸多美国一流大学，如斯坦福大学、圣塔克拉拉大学、圣何塞州立大学、加州大学伯克利分校、加州州立大学东湾分校等。斯坦福研究园孵化出了硅谷，比如惠普、谷歌、雅虎等就是由斯坦福大学的学生、教授创办的。

杭州提出构建4个环大学大科创平台产业创新生态圈，首批规划建设西湖区环紫金港创新生态圈、滨江区环大科学装置创新生态圈、余杭区环之江实验室创新生态圈、钱塘（新）区环大学城创新生态圈，并支持各地围绕辖区内高校、高能级科创平台建"圈"，以大学、大装置、大科创平台为核心策源点，周边环绕区域为科技创新集中区，形成"内圈策源+中圈转化+

外圈应用"的圈层式空间布局。比如"环之江实验室创新生态圈",旨在构建"1+2+N"产业培育体系,将以之江实验室在智能计算领域"算力、模型、数据"的核心优势,形成以之江实验室为引擎的"创新平台+孵化器+特色小镇+产业集群"创新生态圈。

西湖区1897科创谷距离浙江大学紫金港校区东门仅100米,在租金扶持方面,对浙江大学新创业师生提供免费办公空间;在成长培育方面,纳入企业培育库的企业,享有当年研发费用20%~30%的补助,最高补贴5000万元;在人才扶持方面,"西湖英才"可享受最高1000万元的创业启动资金,两年内最高500万元银行贷款贴息;在金融扶持方面,西湖区每年安排不少于2000万元的"青鸟计划"专项扶持资金,对硬科技初创项目关键节点发展给予扶持等。

2. 布局未来产业先导区,建设面向未来的产业高地

"用明天的科技锻造出后天的产业",是未来产业先导区发展的突出特征。2021年浙江省数字经济发展领导小组办公室印发《关于浙江省未来产业先导区建设的指导意见》,提出到2025年打造30个左右特色鲜明、引领发展的未来产业先导区。未来产业先导区以技术突破和产业化为目标,旨在构建创新资源持续汇聚、创新成果高效转化、产业生态迭代完善、产业成果不断涌现的未来产业集聚发展平台。

目前,杭州已建设4个未来产业先导区,聚焦合成生物、元宇宙、人工智能、未来网络等领域(见表4-5)。同时,针对投资风险大、回报周期长等特性，杭州成立了专门的未来产业投资基金。例如，未来网络（6G）先导区设立总规模30亿元的"中国视谷"产业投资基金，支撑"中国视谷"核心区、未来网络先导区技术攻关、项目招引、企业培育和平台建设。

表4-5 杭州未来产业先导区

先导区名称	所在区位	重点领域
合成生物先导区	萧山区	以基因编辑、DNA合成为核心，目标是2026年建成"中国合成生物谷"，推动生物基材料、未来农业等远期应用
元宇宙先导区	上城区	布局Web3.0、数字人等元宇宙底层技术，其商业价值需等待5G-6G网络成熟后才能完全释放
人工智能先导区	余杭区	依托之江实验室攻克通用AI核心技术，计划2035年前建成全球创新策源地
未来网络（6G）先导区	萧山区	攻关太赫兹通信等关键技术，与华为等企业共建6G试验网，技术商业化预计在2030年后实现

（三）注重文化创意与科技的协同创新

1. 杭州让"文化在数字科技时代出新出彩"

不同于很多城市将文化产业简单地视为科技产业的"城市配套"，杭州一直将文化产业作为创新的主阵地和杭州发展的重要领域。用占城市总面积近1/10的空间规划建设文化产业带，是杭州在推动文化发展方面的突出做法。2017年，在万亿级文化产业发展目标之下，浙江省规划建设156平方千米的超大文化产业集聚区——之江文化产业带，通过串联重大平台和重大项目，打造具有全国乃至国际影响力的特色文化组团。

2. 紧盯独角兽企业、领军企业，"靶向招商"加快引进数字文化产业链重点环节优质企业和优质原创 IP 资源

杭州以之江文化产业带、大运河文化产业带为两大着力点，在全国率先走出了一条"数字"引领的文化产业鼎新之路。截至 2023 年底，"两带"（之江文化产业带和大运河文化产业带）入库项目 127 个，涉及投资额超 1418 亿元。[①] 年度重点推进的 34 个项目全部开工（园），涉及投资额 489 亿元。哔哩哔哩电竞浙江总部、抖音旗下营销服务平台巨量引擎落户，网易传媒（良渚）数娱创新基地等 11 个首批重点入驻项目顺利签约。

2018 年 8 月，杭州出台《关于加快建设国际文化创意中心的实施意见》（以下简称《意见》），提出要坚持内容为先，以内容优势赢得产业发展优势，推动数字娱乐、数字传媒、数字出版等重点领域加快发展，打造全球数字内容产业中心。在 2020 年"杭州独角兽＆准独角兽企业榜单"中，文化、娱乐、体育领域的准独角兽企业大多是数字内容企业（见表 4-6）。

表 4-6　2020 年杭州文化、娱乐、体育领域准独角兽企业

企业名称	行业领域
KK 唱响	直播
当贝网络	智能视讯
二更	短视频
果麦文化	图书策划

---

① 厉伟. 十八而志，向新而行：站上新高点，杭州文化产业风劲扬帆 [N].，杭州日报，2024-10-17.

续表

企业名称	行业领域
环球黑卡	旅游定制
乐刻运动	健身
妙聚网络	游戏
魔筷星选	直播电商
微念	数字营销
无端科技	游戏
小影	视频制作

资料来源：2020年《杭州独角兽&准独角兽企业榜单》。

3. 杭州在数字内容产业发展势头强劲，跃居全国第一方阵

正是因为对文化创意产业长期的支持，才有了《黑神话：悟空》等现象级产品在杭州的诞生。2023年，杭州文化产业实现增加值3448亿元，同比增长6.5%，产业增速分别高于全市GDP及服务业1.8和1.5个百分点。截至2024年底，全市拥有规模以上文化企业1828家，较2023年增加258家，同比增长16.4%，实现营业收入10 830亿元，同比增长6.7%。① 这对杭州的经济增长起到了明显的支撑作用，进一步巩固了杭州在全国同类城市第一阵营中的地位。

4. 杭州让"科学与艺术终在山顶相逢"

文化产业与科技产业看似毫无关联的两个世界，但文化与科技本身其实是相互融合、相互启发、相互支撑的，"科学与艺术终在山顶相逢"。对一个国家、一座城市的发展而言，科技创

---

① 厉伟. 杭州文化产业向"新"突破！[N]. 杭州日报，2025-03-04.

新与文化发展就如同硬币的两面。以美国加利福尼亚州为例，硅谷和好莱坞是其最亮眼的两张名片，好莱坞的科技大片和硅谷技术革新相互孵化，通过产业间的对话实现了科技产业和文化产业在加利福尼亚州的统一。除了人们提及较多的高校、政府支持等对硅谷崛起的助力，好莱坞源源不断的"开脑洞式"创意和科技大片为创新落地提供的应用场景，也是使硅谷成为经久不衰的创新发源地、长期屹立在全球科技核心位置的重要动力。

从美国科技城市、工业城市发展历程来看，科技的进步决定着一个区域的生产力，文化产业的发展影响着区域的活力，二者缺一不可，没有"文化基因"的技术创新不可持续。

5. 杭州的数字经济不仅是一场技术革命，更是一场文化与科技深度融合的产业变革

在杭州，文化已经成为培育新质生产力的主阵地，也是技术创新的验证场。在新质生产力的驱动下，2024年杭州市规模以上的数字文化企业实现营收8855亿元，同比增长约10%。[①] 基于"文化+科技"的深度融合，2024年杭州动漫游戏产业厚积薄发，成绩亮眼。例如，由杭州企业追光影业打造的电影《长安三万里》中的大量造型、场景、道具的云渲染服务，均由阿里云提供；追光影业的另一部作品《新神榜：杨戬》中44%的渲染也是在阿里云的云端完成的。

群核科技的Coohom平台依托阿里云的强大算力，将传统的

---

① 厉伟. 杭州文化产业向"新"突破！[N]. 杭州日报，2025-03-04.

3D设计软件从本地部署转向云端协同，用户只需10秒即可生成高精度室内设计图。这一技术突破还被广泛应用于文化遗产的数字化保护活动，游客可通过虚拟现实技术"走进"历史场景，体验沉浸式文化之旅。

6. 杭州"国际动漫之都、电竞名城"建设取得新成效

2024年，第二十届中国国际动漫节成功举办，杭产动画入选国家广电总局推优和重点项目数量均居全国同类城市第一。华策影视、宋城演艺、华数传媒、浙江出版联合集团4家在杭文化企业入选"全国文化企业30强"，玄机科技入选首批"全国成长性文化企业30强"，杭州企业入选总数位列全国第三、副省级城市第一。

第五章

大胆的耐心资本:
资本燎原

纵观人类历史，从"蒸汽时代"到"电气时代"，再到"信息技术时代"，每一次重大的历史性产业变革，不仅依赖科学技术的突破，更离不开与之相适应的金融创新。诺贝尔经济学奖获得者约翰·希克斯（John Hicks）在其著作《经济史理论》中有一个著名的论断："工业革命不得不等待金融革命。"对初创企业来说，若想成功跨越从科研到产业化的"死亡之谷"，资金的支持不可或缺。正如著名的创新理论经济学家约瑟夫·熊彼特在《经济发展理论》中所言："企业家仅有创新意愿是不够的，还需要有创新行为，而创新行为往往需要大量的资金支持。"当下，新一轮科技革命和产业革命加速演进，驱动人类进入智能化时代，然而，从技术萌芽到产业落地，从实验室到市场化，科技创新的每一步都充满风险与不确定性。

无论是互联网时代还是 AI 时代，"大胆"与"耐心"这两个看似矛盾的词语，在杭州创投资本的身上都得到了完美的结合，也正是因为杭州的创投资本愿意当创新陪伴者、能够当创新赋能者、敢于当风险分担者，才迎来了杭州创新的"百花盛开时"。

一、"敢投的"产业资金：创新火种的坚定点燃者

要想创新繁荣，就必须在一定程度上允许失控，接受无数有意义或无意义的"踏脚石"。今天的未来产业，就是明天的战略性新兴产业、后天决胜竞争的支柱产业。在各地财政压力和产业资金审计压力下，很多地方政府在培育创新、扶持产业的过程中普遍出现"不敢补"和"躺平式"补贴的情况，很多产业资金大多瞄准基本无风险的龙头企业、成熟项目或增资扩产奖补，且大多为"事后奖补"，产业资金在培育创新中的作用十分有限。

（一）允许"失控"，"两大关键资金池"敢于投向未来创新领域

1. 设置"未来产业资金池"，杭州产业资金体系中"未来产业"分量十足

近年来，杭州每年年初向全社会发布全年经济政策安排，在2024年《关于进一步推动经济高质量发展的若干政策》中，就明确提出大力发展通用人工智能、低空经济、人形机器人、类脑智能、合成生物五大风口潜力产业，以及未来网络、先进能源、前沿新材料、商业航天、无人驾驶等前沿领域产业。2024年，杭州市人民政府印发《杭州市未来产业培育行动计划（2025—2026年）》，将未来产业发展正式提升到杭州城市战略

高度，并再次明确提出优先推动通用人工智能、低空经济、人形机器人、类脑智能、合成生物五大风口潜力产业快速成长。在 2025 年初发布的《杭州市人民政府印发关于推动经济高质量发展的若干政策（2025 年版）》中，更进一步地提出了"三个 15%"的科技投入政策，即市财政科技投入年均增长要达到 15% 以上，市本级每年新增财力的 15% 以上要用于科技投入，专门统筹 15% 的产业政策资金加大对通用人工智能、人形机器人等未来产业的支持。第三个"15%"对杭州在未来产业领域的资金使用提出了更加明确的要求，进一步彰显了杭州培育未来产业的决心。

近年来，许多城市在产业资金使用上普遍存在"过度重视安全合规"的现象，地方政府对资金风险的"零容忍"与未来产业创新"高风险"的矛盾不断凸显，部分地方政府甚至存在"宁可不用、不可错用"的倾向，创新型项目因"风险不可控"被否决，资金集中流向传统低风险行业或龙头企业，致使出现"产业资金使用效率低"与"产业创新效率低"的双重损失。

2. 设置"概念验证资金池"，让未来产业创新更快、更顺地走向市场

科技成果转化是连接科研与产业化的核心环节，也是衡量城市创新生态成熟度的关键指标。从杭州科技创新政策配套的产业资金看，2023 年和 2024 年全年科创类政策配套资金分别为 107.12 亿元和 112.1 亿元，其中重大科创平台、"三名"工程和高校建设配套产业资金从 58.44 亿元降至 54.2 亿元，同比降低 7.26%，科技成果转移转化首选地建设、科技企业培育、重点研发计划资金从 6 亿元增至 10 亿元，同比增长 66.67%。[①] 杭州将更多的科创资金投入有助于未来产业发展与转化的科技成果转移转化首选地建设，让更多的实验室技术真正走向生产线。

（二）接受风险，拒绝规模歧视，全力孵育"科创雏鹰"

杭州将中小企业视为经济活力之源，将资金精准投向中小企业以实现"大树底下小草也能生长"。杭州自 2010 年起就长期实施"雏鹰计划"，该计划也被称为"科技型初创企业培育工程"，是浙江省"八八战略"在杭州的深化实践。"雏鹰计划"每年遴选约 500 家科技型中小企业，通过产业资金的方式对所选企业给予一次性的创业无偿资助，同时给予贷款贴息补助，旨在通过 3 年培育期，推动其成长为高新技术企业或行业"隐形冠军"，培育一批技术水平领先、竞争能力强、成长性好的科技型企业群体。入选"雏鹰计划"的企业标准不包含营收、税收等规模要求，更侧重于"成立时间短、科技创新强"（见表 5-1）。

杭州"雏鹰计划"已经实施 10 余年，现已成为杭州创新生态的核心政策之一。例如，微医集团在发展早期就入选"雏鹰计划"，目前已成为数字医疗领域的独角兽企业。2024 年，杭州市科学技术局印发《杭州市"新雏鹰"企业培育管理办法》，进一步升级扶持标准，扩大对 AI、人形机器人、类脑智能、合成生

[①] 资料来源：杭州市政府《关于推动经济高质量发展的若干政策》（杭政〔2023〕5 号）和《关于进一步推动经济高质量发展的若干政策》（杭政函〔2024〕16 号）。

物、低空经济、前沿半导体、未来网络等前沿领域的覆盖。目前，我国很多城市的产业资金政策在实施过程中都存在"规模歧视困境"，甚至部分城市90%的产业资金流向了大企业，"长尾群体"的中小科创企业存在"被忽视"或"被歧视"的情况，产业资金"重大轻小"的困局亟待打破，建设创新创业高地等也只停留在口号层面。

表5-1 申报认定"新雏鹰"企业须满足条件（2024年版本）

序号	要求
1	在杭州市内注册的省科技型中小企业，注册成立时间不超过5年
2	企业产品（服务）属通用人工智能、人形机器人、类脑智能、合成生物、低空经济、前沿半导体、未来网络、空天信息、元宇宙、未来医疗、氢能与储能、前沿新材料、柔性电子、量子信息等重点发展的未来产业领域
3	企业上年度研发人员数占企业职工总数的比例不低于20%，且上年度研发费用占同期营业收入的比重不低于10%
4	企业通过自主研发申请发明专利、国家新药、国家一级中药保护品种、集成电路布图设计专有权等核心知识产权数不少于3件（其中授权不少于1件），或企业通过PCT（专利合作条约）国际专利申请数不少于1件
5	企业需满足以下条件中的至少一项： （1）企业研发团队核心成员为杭州市D类（含）以上高层次人才不少于1人或落地项目（成果）获省科学技术奖二等奖（含）以上奖励 （2）企业上年度研发投入不低于1000万元或近3年累计研发投入不少于2000万元 （3）企业累计获得股权融资额（合格机构投资者的实缴额）不低于2000万元
6	企业未列入严重失信名单

资料来源：《杭州市科学技术局关于印发〈杭州市"新雏鹰"企业培育管理办法〉的通知》。

（三）包容"失败"，敢于前置奖补，缓解创业前期"资金渴"

政策资金前置投资，形成"政策资金驱动社会创投"良性"上升螺旋"。不同于AI等资本市场"大热"的领域，数字创意等文化类软创新并非创投市场上的"香饽饽"。长期以来，杭州一直将数字创意作为产业创新的重点领域，于2022年11月推出第六轮动漫游戏和电竞产业支持政策，确定了打造"国际动漫之都、电竞名城"的目标，每年投入1亿元专项资金助推产业发展。更为重要的是，杭州的数字创意类产业资金"敢于冒险"，且能够"接受失败"，对于文化创意类等"看不见的创新"愿意为其注入"第一桶金"。

当前，我国大多数城市在数字创意领域的产业补贴政策多为事后奖励，对于游戏动漫开发的项目资助条件是"项目已完成或已出版发行，且具有良好的社会效益和经济效益"，获得产业资金的门槛很高，导致保有一腔创作热忱的企业被迫"为大厂做外包"或四处找"政策资金"。反观杭州，以杭州游科互动科技有限公司为例，《黑神话：悟空》因获评优质项目，曾获得2022年杭州市动漫游戏专项资金支持，算上省、市、区及艺创小镇给予的各类补贴，杭州游科共获得了超300万元的补助，且当时《黑神话：悟空》还并未获得游戏版号（见表5-2）。2023年，超过18亿元票房的动画电影《长安三万里》在制作过程中便入选杭州市动漫游戏优质项目，获得2022年度专项资金支持。更重要的是，获得政府资金扶持的企业，在市场融资过程中更容易获得资本的青睐，同时政府产业资金的认可也将成为企业敲开市场化投资人大门的"敲门砖"。实实在在的资金支持让企业能够更多地专注于研发，把项目打磨得更好，提高成功的概率，让企业能够更好地生存下去，也有更多的机会成长起来。

表5-2 2022年、2023年杭州市动漫游戏专项资金支持的优质项目

项目名称	申报单位	简介
•动画系列片《苏东坡与杭州的故事》 •动画系列片《钱王传奇》	浙江中南卡通股份有限公司	中南卡通成立于2003年，是目前国内最大的原创动画公司之一，已累计制作《天眼》《魔幻仙踪》《乐比悠悠》《郑和下西洋》等近17万分钟的原创动画作品。由中南卡通申报的动画系列片《苏东坡与杭州的故事》获得2022年杭州市动漫游戏专项资金支持，动画系列片《钱王传奇》获得2023年杭州市动漫游戏专项资金支持
动画电影《长安三万里》	追光影业（杭州）有限公司	制作公司就在杭州的艺创小镇，追光影业（杭州）有限公司成立于2021年12月，与追光北京是一个团队。大火动画电影《白蛇：缘起》也出自该团队之手
大型3D游戏：《黑神话：悟空》游戏动捕数据实时计算系统及游戏资产系统的研发	杭州游科互动科技有限公司	杭州游科互动科技有限公司是位于西湖区艺创小镇的游戏研发公司。旗下备受瞩目的《黑神话：悟空》是一款基于虚幻引擎5，以《西游记》与中国神话为背景的单机·动作·角色扮演游戏。该游戏以精美细致的画面、丰富多样的玩法，展现了一个充满魅力和挑战的西游世界，获得2022年杭州市动漫游戏专项资金支持
中华传统手工艺题材"百工灵"IP动漫游戏研发项目	恺英网络股份有限公司	以弘扬中华优秀传统文化、保护非物质文化遗产为主旨，恺英网络股份有限公司自主研发了以中华传统手工艺为主题的动漫游戏IP《百工灵》，以其新颖的题材、清新的画风、奇幻的剧情而广受好评，获得2022年杭州市动漫游戏专项资金支持
动画电影工业化全流程制作平台	杭州露米埃动画制作有限公司	2023年上半年，参与了《流浪地球2》《深海》等影片视觉特效制作的露米埃动画，带着100多位动画设计师，从北京整体迁到杭州。他们赶上了2023年动漫游戏专项资金支持项目的申报，并凭借"动画电影工业化全流程制作平台"项目，获得了杭州提供的第一笔补助
漫画《洄游之夜》	杭州森雨文化有限公司	森雨文化在2023年申报了自主研发的原创漫画《洄游之夜》，漫画以亲情为主题展示了优秀的剧情和画面，获得2023年杭州市动漫游戏专项资金支持。这条原创漫画的研发和出品之路，并不容易，从研发到销售各个环节，都会因为成本压力遇到很多阻力

资料来源：根据互联网公开资料整理而成。

二、"会投的"国资基金：创新火炬的长情守护者

政策补贴能够缓解科创企业暂时的"缺血"，但不是培育优质企业的唯一途径。产业补贴能够"买"来注册企业数量，能够"堆"出短期的GDP，但"买"不到颠覆性创新，"堆"不出世界级的科创企业。"杭州六小龙"的成长路径，也少不了杭州国有基金的身影。宇树科技在2017年资金告急之际，及时获得国资注资，渡过难关；云深处科技自2018年起连续获得杭州科创基金投资，实现稳健成长。在各地仍在"撒钱招商"时，杭州已经走出了一条"用产业基金陪伴企业成长"的新路径，这不仅是城市创新理念和竞争力的跃迁，更代表中国产业创新的一种"范式革命"。

（一）做好投资接力，坚定地"做难而正确的事"

杭州国资基金看似默默无闻，实则"奋发有为"。在孵化、培育科技创新企业新星的过程中，杭州国资创投坚定地扛起了国有企业培育创新的大旗，愿意去做别人不想、不能，但又事关长远、事关重大、事关战略的事，坚定地投身于难而正确的事。

1. 补足市场创投缺口，实现全生命周期国资陪跑

科技创新具有周期长、投入大、风险高等特点，需要大规模且长期稳定的资金支持。从整体上看，我国股权投资普遍存在对早期初创企业投资力度不足的问题，种子轮、天使轮投资的金额占比不高（仅为5%左右），更多的创投资金流向成长期、成

熟期的企业。很多地方国资创投的投资重心在拟上市公司，盈利模式主要以赚 A 股上市前的红利为主。

在"杭州六小龙"成长过程中，不乏杭州国资创投的身影。2018 年，杭州设立了市级投资平台——杭州市国有资本投资运营有限公司（以下简称"杭州资本"），破解民营企业"不敢投"领域的资金缺口难题，与杭州金控形成互补。杭州资本先后组建杭州科创基金聚焦"投早、投小、投科创"，杭州创新基金聚焦"投强、投大、投产业"。成立当年，杭州科创基金旗下 2 只参股子基金——云栖基金和道生灵境在天使轮对云深处科技进行投资，并于 2019 年、2020 年持续追加投入，助力云深处科技跨越从 0 到 1 的"死亡之谷"（见表 5-3）。

表 5-3 杭州资本典型投资案例

被投企业	投资案例
云深处科技	2018 年，杭州科创基金旗下 2 只参股子基金——云栖基金和道生灵境在天使轮对云深处科技进行投资，并于 2019 年、2020 年持续追加投入
宇树科技	自 2022 年起，杭州科创基金、杭州创新基金所投资的子基金，共参与宇树科技 4 轮融资，保障其各个发展阶段都有充足的资金
强脑科技	・2022 年，杭州科创基金参股子基金向强脑科技完成第一笔早期投资 ・2024 年 8 月，由杭州创新基金接力，通过专项子基金直接投资，为强脑科技的长远发展注入强大动力，使其在脑机接口与 AI 算法融合应用领域持续深耕

资料来源：杭州市国有资本投资运营有限公司官网。

2023 年，杭州市整合组建杭州科创基金、杭州创新基金和杭州并购基金三大母基金，由其参与投资 N 只行业母基金、子基金、专项子基金等，最终形成总规模超 3000 亿元的"3+N"

杭州产业基金集群，实现全过程"接力投资"。其中，科创基金功能定位为政策性的政府引导基金，投资方向为"投早、投小、投科创"；创新基金功能定位为市场化的国资产业基金，投资方向为战略性新兴产业投资；并购基金功能定位为市场化的国资并购基金，投资方向为金融、金融科技、产业并购、重大项目协同投资。截至2024年11月底，三大千亿母基金累计决策批复基金353只，批复规模达到2442.41亿元。[①]

目前，我国很多城市都尚未实现国资创投的全链条布局。在"国有资产流失恐惧症"下，早期投资缺位、中期断层情况明显，甚至部分国资出现"变相排斥天使轮"的情况，很多处于成长期的企业遭遇"B轮死"魔咒。图5-1给出了2023年中国新设立政府引导基金类型分布情况。

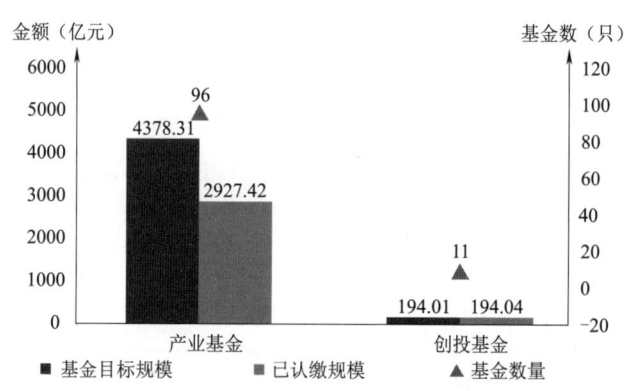

图5-1　2023年中国新设立政府引导基金类型分布

资料来源：清科研究中心、综合开发研究院（中国·深圳）整理。

[①] 刘金洋，沈佳颖. 杭州国资做强做优"3+N"杭州产业基金集群[N]. 杭州日报，2025-01-08.

2. 集中力量干大事,全市统筹构建国资创投新架构

目前,我国部分城市国资创投基金仍然存在"小散弱"和多头重复布局等问题,不同部门设立自己的基金,多头管理、多元标准、资源内耗、效率低下等问题亟待解决。

2018年,为了解决杭州母基金规模较小等问题,应势成立杭州资本。2023年,为进一步发挥国资创投在孵育创新中的作用,杭州市国资委打破市级基金原有的发展改革委、财政、科技等多部门主管模式,整合多只基金,集中统一纳入国资管理(见表5-4)。

表5-4 杭州三大千亿基金基本情况

基金名称	整合方式	功能定位	投资方向	管理主体
杭州科创基金	整合科技成果转化基金、天使引导基金、创投引导基金、跨境引导基金和投发基金等	政策性的政府引导基金	投早、投小、投科创	杭州资本
杭州创新基金	整合战略新兴产业基金	市场化的国资产业基金	战略性新兴产业投资,以成长期私募股权投资为主	杭州资本
杭州并购基金	整合产业发展投资基金、信息经济投资基金和稳健发展基金等	市场化的国资并购基金	金融、金融科技、产业并购、重大项目协同投资,以成熟期的产业并购为主	杭州金投

资料来源:杭州市人民政府办公厅《关于打造"3+N"杭州产业基金集群聚力推动战略性新兴产业发展的实施意见》(杭政办函〔2023〕48号)。

市政府负责全市政府产业基金顶层设计、统筹协调,财政资金竞争性分配方案批准,重大产业项目投资决策等工作(见表5-5)。

表 5-5　杭州产业基金集群运作管理架构

部门	职责
市政府	负责全市政府产业基金顶层设计、统筹协调，财政资金竞争性分配方案批准，重大产业项目投资决策等工作
市国资委	履行产业基金监管职能，负责基金管理办法、尽职免责容错纠错机制、分层分类决策机制等制定，产业基金运作监管和指导，基金投资运作全过程绩效管理
市级相关部门	市财政局履行产业基金涉及的财政资金使用监督职能，负责会同市国资委提出财政资金竞争性分配建议方案，对财政资金使用情况开展重点绩效评价。市科技局、市发展改革委负责对科技成果转化基金、天使引导基金、创业投资引导基金等政策性引导基金的投资进行审核
基金管理主体	履行三大母基金管理主体责任，负责基金组建、运作、管理及基金管理办法组织实施等工作

资料来源：杭州市人民政府办公厅《关于打造"3+N"杭州产业基金集群聚力推动战略性新兴产业发展的实施意见》（杭政办函〔2023〕48号）。

（二）做好周期管理，坚定地"成为时间的朋友"

杭州养了"六千条锦鲤"，才出了"六小龙"。没有哪一次成功是一蹴而就的。在当前经济转型和科技创新的关键时期，真正的价值往往需要时间和耐心去孕育，需要国资基金敢于在不确定性中寻找和把握长期价值。杭州 2021 年发布的《杭州市金融业发展"十四五"规划》，就明确要求国资基金"降低回报要求，延长考核周期"。长周期资金更契合未来产业研发需求，通过拉长投资期限让国资基金成为创新的"合伙人"。

从投资基金期限看，美国的私募股权基金合同期通常在 10～12 年，而国内的私募股权基金合同期限长则 7～8 年，短则 3～5 年，难以满足颠覆性与突破性的科技创新。目前，杭州市行业母基金投资期限最长可达 10 年，子基金最长达到 8 年。同期各地政府引导基金一般在 5～8 年。浙江省科创母基金考虑到创投行业的特点和环境变化,将基金周期从通常的 8～10 年拉长为 15 年,同时倡导子基金做耐心资本,成为企业家、科学家的重要"合伙人";对于重大战略领域的重点直投项目,不设置退出时间,陪伴企业穿越周期,韧性增长。

从全国范围看,政府引导基金在 2015—2019 年出现投资高峰,这一批投资项目已逐渐步入退出期(见图 5-2)。但现实情况是,大多数普通合伙人退出过度依赖 IPO,国资基金"退出难"成为普遍存在的问题,这进一步加剧了国资基金"退出难—不敢投、不愿投"的恶性循环。杭州国资基金存续期相对较长,且部分战略性项目可延长投资期,国资退出压力相对较小,在很大程度上避免了其他城市基金因存续期短导致的"投早、退早"的问题。杭州模式虽牺牲短期流动性,但有望在机器人、AI 等长赛道中培育出更多明星和"链主型"企业。

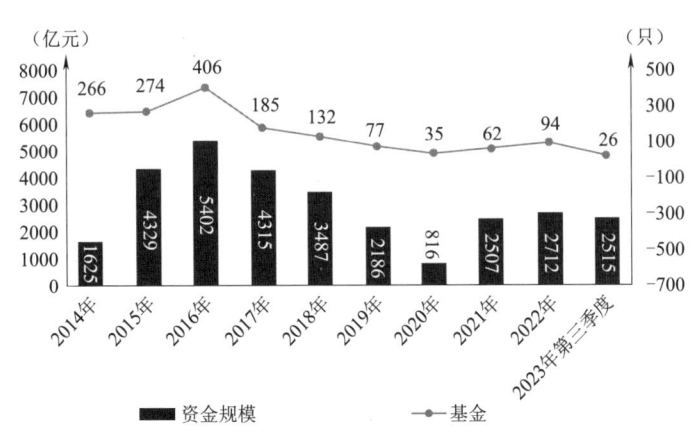

图 5-2 2014—2023 年第三季度新设立政府引导基金情况

资料来源:根据 CVSource 投中数据整理而来。

（三）做好机制创新，坚定地"让有为者无后忧"

1. 强化专业性提升，"前置做足专业功课"，不让耐心资本成为"盲目资本"

在重大项目落地中，杭州创新基金构建了"头部机构推荐＋市区共同研判＋社会机构领投"的高效机制。通过与红杉、中金等40余家头部机构合作，创新基金组建了51只子基金组成的矩阵，形成了强大的资源网络。在项目筛选过程中，创新基金联合投资团队与头部机构深入进行市场调研和尽职调查，同时依托市、区两级国资的共同研判，确保项目的可行性与盈利性。这一机制不仅充分发挥了市、区两级政府的资源优势与决策能力，还借助头部机构的专业能力和市场资源，实现了优质项目的精准挖掘与高效落地。正如杭州资本董事长所说："耐心资本的核心在于专业性，绝不能沦为'盲目资本'。"

2. 更注重产业与创新拉动效度，投资收益并非产业基金绩效评价的唯一指标

国资基金应该更加注重对产业创新的带动作用，而非简单的投资收益。根据《浙江省省产业基金绩效评价管理办法》，浙江省产业基金绩效评价指标体系采用模块化设计，包括决策、过程、绩效三类指标模块（见表5-6）。决策指标主要评价浙江省产业基金投资的政策目标和投资方案是否科学；过程指标主要评价浙江省产业基金管理制度和投资管理、风控合规、资金管理等内容；绩效指标主要评价浙江省产业基金政策目标实现、基金保值增值、带动其他资本等内容。基金保值增值仅为其中的一个小

项，投资是否推动全省科技创新、产业转型升级、共同富裕等政策目标实现，以及带动其他资本形成项目总投资倍数是与基金保值增值同等重要的指标。

表 5-6　浙江省省产业基金绩效评价参考指标

一级指标	二级指标	评价要点
决策	方案科学	是否符合省委省政府战略决策、政策性项目运作方案投资方向，并于立项前进行绩效评估论证；绩效目标是否明确、科学、合理，并细化分解到投资方案中；让利安排是否与政策目标相符
	决策效率	年度投资计划是否完成，投资计划完成率 = 落地投资金额 / 计划投资金额
		年度应退出项目是否完成退出，退出完成率 = 考核期实际成功退出项目数 / 按协议应退出项目数
	决策合规	立项决策、投资决策、投后管理决策、退出决策等是否符合管理办法、运作方案、投资协议等规定
过程	投资管理	投资管理（含尽职调查、入股谈判、协议签署、投后管理等）是否全流程严格按规范操作，符合管理办法、运作方案、章程协议等的要求
	风控合规	投资运作各项制度是否完备，并符合国家相关法规及管理办法、运作方案、章程协议等规定；投资管理重大事项处理权限和流程是否符合规定
	资金管理	总认缴规模、年度投资资金分配是否合理；资金拨付是否有完整的审批程序；外部检查是否反映基金存在资金沉淀问题，管理是否合理规范
绩效	政策目标实现	评价期内项目的政策目标是否实现情况；省产业基金的年度投资金额实现情况；投资是否推动全省科技创新、产业转型升级、共同富裕等发展，以及取得重大突破等情况
	保值增值率	评价期内省产业基金立项决策子基金及直接投资项目投资回报是否合理。保值增值率（让利后）=（评价期内退出项目的价值 + 未退出项目公允价值）/ 项目实缴金额 × 100%-1

续表

一级指标	二级指标	评价要点
绩效	带动其他资本	评价期内省产业基金投资是否带动其他资本投资。带动其他资本形成项目总投资倍数＝直投项目、各级注册在浙江省内的子基金总投资规模（包含股权、债权）及穿透投资的省内项目当轮股权融资规模÷省产业基金及相关子基金认缴额/省产业基金投资认缴金额

资料来源：《浙江省省产业基金绩效评价管理办法》。

目前，我国仍然有一些城市将国资基金收益作为核心甚至是最关键的评价指标，部分城市在未达到"核心绩效指标"的情况下会启动"重大偏差整改"程序，导致国资"不敢投"和"不愿投"。

3. 开启"容错"之门，以更大的容错度支持风险投资

政府引导基金的资金主要来源于地方财政，因此对资金保值增值有相对较高的要求。为破解这一困境，浙江省对政府引导基金的考核评价机制进行了改革，以更大的容错度支持风险投资，明确单只专精特新基金和科创母基金出资部分亏损在40%以内，不启动责任认定程序。杭州市临安区也明确规定，对已履职尽责的投资项目，若因风险导致损失，相关决策和管理人员可依法免除或减轻责任。这一举措为创新投资注入强心剂，有效地降低了投资主体的后顾之忧。

（四）做好投后服务，坚定地往前更"躬身入局"

国资基金将自身定位为"服务者"，织起一张杭州创新创业创投生态网。杭州国资在服务科技企业的过程中，通过"精准服务"提升投后价值，往前更"躬身入局"，不像以前投后袖手旁观，且并非单纯追求财务回报。同时，杭州资本联合区县设立产投融服务中心，积极链接杭州资本生态圈资源，搭建起产业信息、融资信息汇聚平台。另外，杭州资本与产业龙头、头部机构、科研院所等展开合作，打造产业垂直方向的深度孵化器和技术转移中心，提供围绕创新创业的产业投资、概念验证、创业辅导、成果转化等服务。杭州资本在2022年成立了"杭州技术转移转化中心"，该中心是按照杭州市委市政府提出的"杭州构筑科技成果转移转化首选地"战略部署的要求而设立的，是首选地建设的核心运营支撑平台，推动科技成果产业化。截至2025年3月，在不到3年的时间里，杭州技术转移转化中心促进完成技术交易额超过2600亿元，完成技术交易合同超过66 000项。[①]

三、"愿投的"耐心资本：创新火焰的众多拾柴者

相比于其他城市的创业者，杭州创业者令人羡慕的，除了政府给予的大力支持，民间资本同样给力。一直以来，浙江的民营资本有两个突出的标签："敢投钱"和"肯等待"。在杭州的创投舞台上，民营资本熠熠生辉。在政策的春风中，它们迅速崛起，凭借浙商敢为人先的胆识和敏锐的商业嗅觉，在早期投资和项目孵化中绽放光彩。它们不仅是资金的提供者，更是创新的守

---

① 根据杭州技术转移转化中心网站发布的数据统计得出。

护者，为每一颗创新的种子找到生长的沃土，让梦想破土而出，茁壮成长。从传统的民营经济大省到如今在科技、金融等领域崭露头角的前沿阵地，浙江资本将资本的"时间偏好"从逐利短周期调整为价值长周期。浙江资本的崛起，不仅是一个经济现象，更是一个深刻影响中国未来发展的"国运"故事。

（一）杭州的民营创新投资企业的"两种理想主义精神"

1. 刻在浙江民营经济骨子里的"时间信仰"

2000年前后，杭州发布政策支持民间资本设立创投机构，随后华睿投资、天堂硅谷等民营创投机构应运而生。2002年，诸暨人宗佩民创立了浙江第一家民营创业投资机构华睿投资。到2023年，杭州风险投资的创业资本总量达26.61亿元，其中内资企业创业资本14.25亿元，占到总额的53.53%。[1]这些机构多由浙商企业家或具有实业背景的创业者发起，受浙商"重实业、轻投机"文化影响，浙江民营创投资本强调务实和持续创新，对早期投资和创业者有着深刻的理解和独到的见解。

华睿投资创始人宗佩民的经历是杭州创投界的一个生动缩影。创业初期，他面临诸多困难，项目难觅，公司运营艰难甚至一度陷入危机。然而，他始终坚守自己的投资理念——"寻找独特，不追逐风口，不盲目跟风，不追求短期投机"。他认为真正的投资价值往往隐藏在那些被忽视的角落里，而非存在

---

[1] 杭州，正在批量生产独角兽[OL].[2025-05-22].https://baijiahao.baidu.com/s?id=1766563472796737877&wfr=spider&for=pc.

于人满为患的赛道。信奉"好饭不怕晚"的浙江民间资本，始终相信，只要技术和方向对，赚钱是早晚的事，这也是2016年湖畔山南资本在宇树科技的机器狗连模型都没有时就敢投资的底层逻辑。在云深处科技投资方列表中，不乏浙江民营创投企业的身影，主要集中在早期的A轮和天使轮（见表5-7）。"杭州模式"不仅在短期内可媲美"深圳速度"或"北京密度"，还探索出一条通过耐心资本串联起"科学家—工程师—创投力量"的创新链条。

表5-7 云深处科技融资情况（不完全）

序号	披露日期	融资轮次	融资金额	投资方
1	2024年8月10日	B+轮	未披露	苏州方广三期创业投资合伙企业（有限合伙）
				常州方广三期股权投资合伙企业（有限合伙）
				南京邦盛赢新二号创业投资合伙企业（有限合伙）
				淄博华函未来股权投资合伙企业（有限合伙）
				淄博华函智成股权投资合伙企业（有限合伙）
				丹江口市涵硕二号股权投资合伙企业（有限合伙）
				淄博涵硕七号股权投资合伙企业（有限合伙）
				湖州莫干山高新启飞股权投资合伙企业（有限合伙）
				深圳智城汇智三号创业投资合伙企业（有限合伙）

续表

序号	披露日期	融资轮次	融资金额	投资方
2	2022年10月24日	B轮	未披露	杭州西湖区科创股权投资有限公司
				杭州赛智网安叁期股权投资合伙企业（有限合伙）
				杭州赛智网安贰期股权投资合伙企业（有限合伙）
				苏州方广三期创业投资合伙企业（有限合伙）
				常州方广三期股权投资合伙企业（有限合伙）
3	2021年2月7日	A+轮	未披露	江苏聿泉元禾原点智能叁号创业投资合伙企业（有限合伙）
				杭州赛智网安叁期股权投资合伙企业（有限合伙）
				杭州赛智网安贰期股权投资合伙企业（有限合伙）
				杭州元禾既明庚子股权投资合伙企业（有限合伙）
4	2020年4月30日	A轮	未披露	厦门英诺嘉业股权投资基金合伙企业（有限合伙）
				北京英诺创易佳科技创业投资中心（有限合伙）
5	2018年7月4日	天使轮	未披露	杭州云栖创投股权投资合伙企业（有限合伙）
				杭州道生灵境股权投资基金合伙企业（有限合伙）

资料来源：根据网络公开资料整理。

2. 刻在浙江创投资本文化里的"技术信仰"

相较于其他城市创投机构偏好互联网短周期项目，杭州民营创投更倾向于"技术沉淀型"投资。它并不会被动等待，而是会主动选择与产业升级同频共振——通过绑定核心技术、深耕生态协同、创新金融工具，将资本的"时间成本"转化为

"技术壁垒"。华登国际于 2004 年作为创始股东领投中微半导体 1700 万美元，并在后续阶段持续追加投资，成为中微半导体早期发展的核心资本支柱，也成为推动我国半导体设备从"跟跑"到"局部领跑"的关键助力者。

中微半导体于 2024 年推出的 0.02 纳米技术量产机型远超国际同行水平。据 SEMI（国际半导体产业协会）数据，2023 年中微半导体在国内刻蚀设备市场上的份额达 24%，较 2022 年增长 50%；在 3D NAND（新型闪存）、逻辑芯片等领域，中微半导体设备成本较国外同类产品降低 30%。

海康威视、吉利等产业资本作为普通合伙人，要求基金投资与其供应链协同，吉利旗下铭泰资本布局固态电池、电驱系统等上游技术，通过订单绑定（如为极氪汽车供货）拉动被投企业技术迭代，形成"研发—应用—再研发"闭环。这种模式不仅为破解中国"卡脖子"难题提供了资本支撑，还提供了一条可持续发展的路径。

（二）杭州民营创投与创新企业的"两种创新信任纽带"

1. 高校创新圈："高校科技人才—高校投资人"的信任纽带

"浙大系"在杭州创投圈中占据着举足轻重的地位。浙江大学凭借其强大的科研实力和人才资源，孕育了一批优秀的创业企业和投资人（见表 5-8）。"杭州六小龙"中就有深度求索、群核科技和云深处科技三家由浙江大学校友主导创办的企业。截至 2024 年 5 月 21 日，浙江大学校友共创办 31 家独角兽企业和 275

家准独角兽企业，其中独角兽企业数量约占全国独角兽企业数量的 9% 以上，估值累计 14 060 亿元（见图 5-3）。

表 5-8　2024 年"浙大系"独角兽企业在杭校友榜单

序号	姓名	身份	项目名称	行业
1	陈航	联合创始人兼 CEO	酷家乐	企业服务
2	黄晓煌	创始人兼董事长	酷家乐	企业服务
3	李启雷	联合创始人兼 CTO	趣链科技	区块链
4	李伟	创始人兼 CEO	趣链科技	区块链
5	李涛	创始人兼 CEO	先临三维	先进制造
6	李荐民	创始人兼董事长	富芯半导体	半导体
7	卢帅	创始人兼 CMO	PingPong 金融	金融科技
8	裘加林	创始人兼 CEO	微脉	医疗健康
9	屈丽佳	联合创始人兼 COO	灵犀科技	金融科技
10	任远程	联合创始人兼 CEO	芯迈半导体	半导体
11	田宁	创始人兼董事局主席	盘石	企业服务
12	王坚	创始人	阿里云	企业服务
13	熊伟	联合创始人	PingPong 金融	金融科技
14	叶安平	联合创始人	禾连健康	医疗健康
15	俞哲	创始人兼 CEO	婚礼纪	本地生活
16	郑杰	创始人兼 CEO	树兰医疗	医疗健康
17	祝铭明	创始人兼 CEO	灵伴科技	人工智能

资料来源：《2024 浙江大学校友经济蓝皮书》。

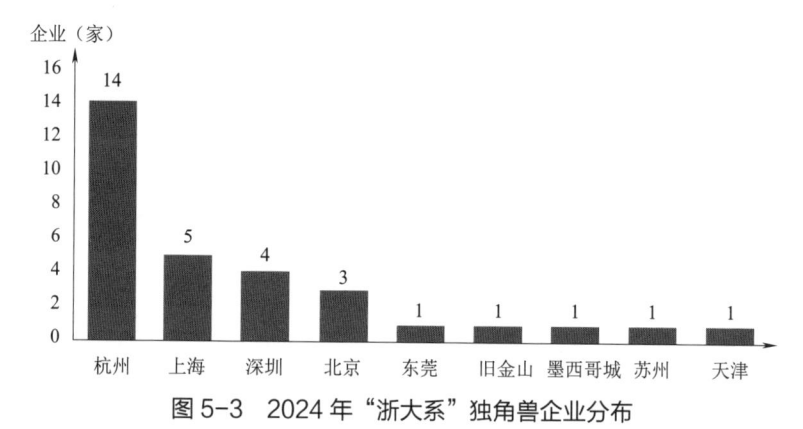

图 5-3　2024 年"浙大系"独角兽企业分布

城市	企业(家)
杭州	14
上海	5
深圳	4
北京	3
东莞	1
旧金山	1
墨西哥城	1
苏州	1
天津	1

资料来源：《2024 浙江大学校友经济蓝皮书》。

浙江大学不仅孕育了众多成功的实业家，还培养了一批在创投领域具有深远影响力的投资人，如银杏谷资本创始人陈向明、源码资本合伙人黄云刚、IDG 资本合伙人俞信华和朱建寰、赛伯乐投资创始人朱敏、线性资本创始人王淮、鼎晖投资创新与成长基金管理合伙人黄炎等。这些"浙大系"投资人在创投领域展现了卓越的眼光和领导力，形成了独具特色的"浙大系"创投军团。

"浙大系"企业家和投资人构建了一个紧密的协作圈，凭借资源整合与人脉共享，为创业者提供了强大的资本支持。校友之间因共同的学历背景和文化认同，更容易建立信任、联合与沟通，这种联系贯穿于同门、同级及上下届之间。以"杭州六小龙"之一的云深处科技为例，银杏谷资本凭借创始人陈向明深厚的教育背景，精准捕捉到浙江大学控制科学与工程学院朱秋国老师的创业项目。这种基于校友关系和专业洞察的投资决策，展现了"浙大系"资本对创新项目的敏锐洞察力和强大支持力。2022年,"浙大系"基金对杭州科创企业的投资占比已超过30%,成为推动杭州创新创业的重要力量。

2."大厂"创新圈:"龙头企业创投—大厂创业人才"的信任纽带

作为阿里巴巴的总部所在地,杭州拥有浓厚的创业氛围,成为阿里系创业企业的"大本营"。根据《2025阿里校友创业榜》,在510家阿里校友(阿里巴巴离职员工)创业企业中,有247家扎根杭州,上下游产业链协同紧密,人才、资金、技术等要素高效流动,形成了强大的集群效应(见图5-4)。相比其他创业者,阿里系创业者在人脉、资金和资源获取上更具优势。例如,灵伴科技的天使投资人正是其创始人祝铭明在阿里巴巴时的上级、阿里集团CEO吴泳铭。吴泳铭创立的元璟资本不仅为灵伴科技提供了启动资金,还在其后续的融资和运营中给予全方位支持,助力灵伴科技在智能硬件领域不断突破。

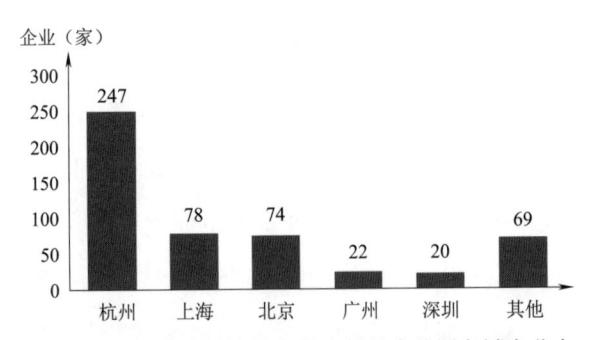

图5-4 2025年阿里校友国内创业企业所在城市分布

资料来源:《2025阿里校友创业榜》。

为了帮助校友企业快速对接发展资源和平台，余杭区携手阿里巴巴推出多项扶持举措。2023年阿里校友创业者峰会发布的"回巢计划"，为校友提供了六大专属通道：社群沙龙、投融支持、市场服务、供应链保障、政策申报和多种场地选择。这种基于信任和经验的资本"抱团"模式，不仅为创业项目提供了快速成长的土壤，更为杭州的创新创业生态注入了强大的动力。

四、"创新的"科技银行：创新之火的一路陪伴者

（一）"以人定贷"：银行用技术逻辑重新定义风险

1. 从"看过去"到"测未来"，注重"技术流"重构银行风险评估体系

传统的企业信用评估常常陷入"看过去"的困境，即过度依赖现金流、抵押物等历史数据，却难以捕捉技术创新的未来价值。科技企业在初创期研发投入大、现金流常为负数，成长期又面临市场扩张与持续创新的双重压力，是典型的高风险型借贷项目。杭州银行率先打破惯性思维，将评估重心从财务数据转向技术价值。杭州银行针对初创企业"以人定贷"，依托285个数据维度打造了五维评价模型，融合行业前景、技术专利、团队基因等非财务指标，让实验室的创新浓度转化为可量化的信用等级。

2024年，杭州银行与杭州科创集团联合推出"杭科贷"（杭科易保），首期规模达10亿元，精准聚焦科技型中小微企业融资需求。该产品突破传统信贷评价体系，重点考察企业管理团队实力、

核心技术竞争力及未来成长潜力，其中研发投入强度、发明专利数量等创新指标成为授信关键依据。截至2024年9月末，杭州银行已累计服务科创企业超2.2万家，信贷投放总量突破1850亿元。在杭州市的独角兽、准独角兽企业榜单中，市场覆盖率达90%。[①]

当银行开始用技术逻辑重新定义风险，越来越多的科创小微企业完成从图纸到量产的跨越。这种从"看过去"到"测未来"的转变，正在重塑杭州科技与金融的对话方式。在2024年中国城市科创金融指数综合景气度排名中，杭州位居第三，仅次于北京和上海（见图5-5）。

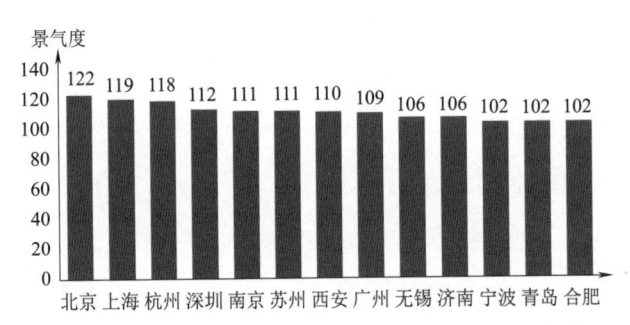

图5-5　2024年中国城市科创金融指数综合景气度

各城市景气度数据：北京122、上海119、杭州118、深圳112、南京111、苏州111、西安110、广州109、无锡106、济南106、宁波102、青岛102、合肥102

资料来源：《2024中国城市科创金融指数》。

2. 从"先还后贷"到"资金不断档"，中小科创企业不再"过桥难"

浙江银监局在2012年10月印发了《浙江银监局关于推进小微企业贷款还款方式创新的意见》，要求银行机构"积极灵活地

[①] 张榕. 深耕"五篇大文章"，杭州银行以金融创新书写高质量发展新篇章[N]. 时代周报，2024-12-12.

探索具有本行特色的还款方式，如年审制、循环贷款、无还本续贷、宽限期等"，首次正式提出了"无还本续贷"概念。"无还本续贷"还款方式创新主要针对经营合规的优质小微企业，让银行在贷款到期前，提前沟通和审核后直接给企业续贷，企业不用提前筹钱来还贷，破解了续贷"过桥"难题，大大节省了小微企业的转贷成本。

2023年，杭州银行通过"连续贷+灵活贷"服务8.06万小微客户，运用年审制、征信保护等工具为2.1万户办理360亿元延期还款，全年降费让利2.28亿元。[①] 民泰商业银行杭州分行创新"三张清单"管理模式，提前30天梳理到期贷款，将续贷客户细分为"无还本""自助续""提前周转"三类，2024年已为600余户小微主体提供35亿元"无还本续贷"支持。

（二）"用纸换钱"：银行用科技逻辑重新定义价值

构建知识产权价值转化体系，将无形的知识产权变为实实在在的"创新本钱"。科技企业的核心资产凝结在这些专利证书与数据代码中，但它又常常被困在传统信贷的价值评估框架里。针对轻资产科创企业融资难题，杭州于2021年率先在未来科技城启动首个知识产权证券化项目，首期发行规模为2亿元，为区域内的成长型科创企业提供成本较低的大额融资。

---

① 王擎宇. 杭州银行：精准发力"五篇大文章"助力区域经济高质量发展[OL]. [2024-04-29].https://city.sina.cn/finance/2024-04-29/detail-inatnpuc1432791.d.html.

作为我国数字经济发展高地，数据知识产权的金融化探索更具开创性。2021年，全国首笔数据知识产权质押贷款落地杭州：浙江凡聚科技将沉浸式儿童注意力测评数据加密存证，通过数据知识产权质押获得首笔百万元贷款，印证了数据要素的市场价值。杭州随后出台全国首个数据知识产权质押服务标准，确立从确权、评估到质押的全流程规范。2023年杭州自贸区成功簿记全国首单包含数据知识产权的证券化产品，紫光通信等12家企业的145件知识产权共同构成底层资产，其技术成果进入资本循环。

（三）"投贷联动"：银行用投资逻辑重新定义借贷

传统投贷联动依赖"贷款＋外部直投"，杭州创新设计的"认股选择权＋"工具，构建了更灵活的资本纽带。2024年6月，浙江省股权交易中心（以下简称"浙股交"）联合杭州银行、复琢资本（管理规模超112亿元）完成了首单"认股选择权＋"创新融资工具的业务合作，由投资机构与科创企业签署认股选择权协议，并在浙股交进行认股权的托管确权、委托转让、行权登记及企业资本市场后续对接服务，金融机构基于浙股交提供的认股权综合服务为中小微科创企业提供融资支持。在这一过程中，杭州银行从传统信贷方转变为"资金提供方＋资源整合方"，联动复琢资本定向投资高潜力企业。这一创新试点既缓解了科创企业短期资金压力，又为资本预留价值成长通道，真正打破了信贷市场与资本市场的隔阂。

第六章

服务型政府:
打造创业者的应许之地

早在 2003 年，浙江启动第三轮行政审批制度改革，成为全国审批项目最少的省份之一。2004 年 2 月 2 日，浙江省委召开全省加强机关效能建设大会，作为新春第一会。

"市场的这只手壮大了，政府也可以转换出更多的职能，把该管的事情管好，把不该管和管不好的事情交给市场去管。"①党的十九届四中全会强调："必须坚持一切行政机关为人民服务、对人民负责、受人民监督，创新行政方式，提高行政效能，建设人民满意的服务型政府。"②

2013 年 11 月，浙江省作为全国唯一试点，启动以"权力清单"为基础的"四张清单一张网"创造性改革举措。此后，浙江一直坚持"服务型政府"的理念，梯次推进"最多跑一次""数

---

① 全国两会地方谈："管""放"联姻并行是政府职能转变之要 [OL].[2016-03-09].https://news.cctv.com/2016/03/09/ARTII3SCqfVB1TIWXGGt8GDY160309.shtml.
② 燕继荣.建设人民满意的服务型政府 [N].光明日报，2020-01-21.

字化改革"等工作，促进政府服务质效不断提升。

在服务型政府的改革理念引领下，杭州用行动证明，一座城市的竞争力既源于营商环境的"硬支撑"，也离不开城市温度的"软实力"，更依赖人才战略的"活水源泉"。创新发展是一场长跑，政府不能做袖手旁观的"局外人"，但也不能当越俎代庖的"操盘手"，必须处理好"有所为"与"有所不为"的辩证关系，当好创新"取经路"上的守护者。

一、"店小二"精神

从2013年起，浙江就多次强调，政府部门、机关干部要努力成为经济社会发展中的"店小二"。2015年，杭州市政府进一步深化这一理念，将其融入简政放权、减税降费等改革中，并写入《2015年杭州市深化"四张清单一张网"改革　推进政府职能转变工作方案》。在中华传统文化中，店小二是指旧时在旅店、酒馆、茶馆等场所中负责接待客人、提供服务的伙计。"店小二"形象常见于古典文学作品，虽然多为配角，但以其积极主动、热情周到的服务精神，成为故事中不可或缺的温暖底色。浙江省提倡，政府部门、领导干部要当好服务企业、服务基层的"店小二"。由此，"店小二"便逐渐演化出新义，是指推动经济发展、为企业提供周到服务的政府部门及领导干部。他们要增强服务意识，千方百计为企业提供良好服务。

（一）政府服务的"多"与"少"：多元服务找企业，减少流程为企业

1. 更多元多样的企业服务，让企业"只需茁壮成长"

近年来，杭州着力在推进服务观念增值上下功夫，推动服务模式从传统的"供给思维"向"需求思维"、从"企业找服务"向"服务找企业"转变。游戏科学入驻艺创小镇后，杭州西湖区政府随即派出服务专员对接，24小时待命，解决工商登记、代办问题，协调员工公寓，安排每日菜单选送上门，确保企业安心研发创作。"很温暖，感觉像家人一样。"这是游戏科学团队对艺创小镇、西湖区工作人员的一致评价。

2. 更精简扁平的服务流程，让企业"将更重要的时间用于创新"

2016年底，"最多跑一次"在浙江省委经济工作会议上被正式提出，成为浙江改革的"金字招牌"。"最多跑一次"的核心目标是通过优化政务服务流程、整合政务资源、推动数据共享等方式，让群众和企业在办理政务服务事项时，只需"最多跑一次"，甚至实现"零上门"。多年来，杭州大力推行"最多跑一次"改革，实现了"一窗受理、集成服务"。2024年，浙江省首个跨层级数字政务综合窗口——"上心办·云窗"在杭州市上城区成功试点，办事群众可以通过远程视频与政务服务中心的工作人员实时交流，实现了从"最多跑一次"到"一次都不用跑"的高效沟通。一项项涉企便利化举措，正在以实实在在的改革成效推高杭州营商环境的口碑。

(二)政府服务的"远"与"近":企业无事不打扰、企业诉求必回应

1. 企业"找得到政府",政府"有求必应"

2018年,杭州创新建立企业家列席各级党委政府重要会议制度,打造民营企业诉求"直通车",让企业深度参与相关政策制定全过程:从事前需求摸底到事中意见征求,再到事后政策评估,真正实现了政企协同决策。自2022年起,杭州定期开展"千名干部助千企"精准服务活动,政府人员走访前需要提前研判企业需求,将服务前移,走访时带着相关处室负责人,要求走一趟就要见到效果。例如,拱墅区为企业协调停车位、解决员工子女入学难题,甚至为无人机物流企业迅蚁网络争取空域测试航线,助力其突破技术瓶颈。

近年来,各地政府各类"大调研""深调研"活动越来越多,征求对政府的意见和建议,但企业普遍反馈多次反映的问题得不到解决,为此,一些企业对政府调研的问题,选择性不谈论、不触碰,最终导致调研流于形式。杭州将"有求必应"从口号转化为可量化的行动,既解决了企业"急难愁盼"的问题,又为长期创新提供了生态支持,形成了政府与市场高效互动的良性循环。

2. 无事绝不打扰,减少行政干预

杭州的"不打扰"并非放任不管,而是通过精准服务和制度文化革新实现。在服务企业中,杭州市政府仅在必要时介入,避免对企业日常经营造成干扰。杭州市政府通过数字化手段如

"企业服务驿站"等方式主动摸排需求，而非频繁检查或干预企业日常经营，如企业对余杭区的政府服务给予了高度评价："全程不露脸，事却办得漂亮。"针对科技企业"程序员型"老板性格偏内向、专注专业的特点，政府调整对接方式，避免形式化社交。例如，余杭区未来科技城在项目评审时"无须PPT（演示文稿）、BP（商业计划书）和证书"，仅需15分钟即可完成入驻流程。

二、不仅招商，更重育商引智

招商的本质，是"择势"而非"追风"，是"拓增量"而非"卷存量"。当拼税收减免、拼土地优惠的传统招商时代成为过去式，杭州打响了招商变革的"第一枪"，地方政府亟待以生态思维取代单点博弈，从招商转为"育商"，培育出属于本地的"深度求索"。

（一）打破"摘果子"思维：以科创新苗培育产业大树

从"亩产论英雄"转向"创新浓度论英雄"。从根本上讲，招商的"择优"和"移大树"对实现城市产业高质量发展远远不够，推动招商引资从"移栽"到"种养"，通过政策创新将城市建设成龙头企业发展壮大、孵化裂变的沃土良田，"从无到有""从小到大"地培养大批行业新星，增强招商引资的自我造血能力，是招商引资的核心要义。与只热衷于以各种"优惠条件"吸引外地成熟企业搬迁、龙头企业入驻的做法所不同的是，杭州在很早之前就跳出了"产业舒适区",摒弃"摘果子"心态,避免掉入"唯GDP论"陷阱,转而深耕"种树"逻辑,在招商引资过程中更加注重长期潜力,为科技创新型中小企业创造成长空间。

杭州将目光聚焦于科创种苗企业,让"科创种苗"在杭州的创新沃土上茁壮成长。当前大热的"杭州六小龙",在落地杭州前,也只不过是贴着"初创、没背景、规模小"标签的小微企业。摒弃"摘果子"思维后的杭州,通过长期投入和精心培育,从"种企业"扩展到"育产业","种"出了自己的"创新雨林"。截至2024年,杭州高新技术企业和科技型中小企业总数已超2万家,其中信息软件行业企业占比高达31.72%。2018—2024年,杭州独角兽企业数量从26家增长至43家,平均每年增长率为10.9%;准独角兽企业数量从105家增长至382家,平均每年增长率高达44.0%。[①] 2018—2024年杭州独角兽与准独角兽企业总数变化,如图6-1所示。

(二)打破"撒钱式"招商:用生态赋能取代要素竞争

从"撒钱式招商"转向"价值创造型招商"。从比拼优惠政策转向打造优质营商环境,企业的实际发展成果和园区口碑,比"资金补贴竞赛"和招商人员的千言万语更具说服力。杭州在招

---

① 夏佳,傅凌波.一份折射杭州城市竞争力和创新活力的"成绩单":2024杭州独角兽&准独角兽企业榜单彰显稳中有进的生命力[N].杭州日报,2024-04-25.

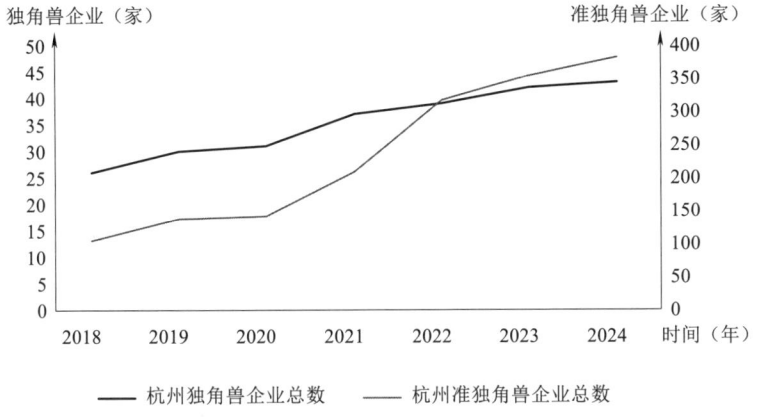

图 6-1　2018—2024 年杭州独角兽与准独角兽企业总数变化

资料来源：微链智库、杭州市投资促进局。

商引资过程中已突破传统的"拼政策优惠、拼资金补贴"的竞争模式，在杭州市政府"给钱大方"的同时，更为重要的是杭州市政府真真切切地为企业提供了需要的资源和生态支持。

很多城市只看到了强脑科技获得了杭州超过 1 亿元的无偿扶持和宇树科技在濒临破产时获得国资注资数百万元续命，但杭州对科创企业的支持并非简单"砸钱"，而是结合企业技术突破需求，同步开放城市大脑数据接口、亚运场馆等场景资源。例如，深度求索在研发大模型时可调用部分城市数据，云深处科技的机器狗在亚运场馆进行测试。

打造"懂产业 + 精准赋能"的招商团队也是杭州在招商引资过程中的突出特征。例如未来科技城管委会的程灿团队，运用专利数据库、行业白皮书等构建动态情报系统，将政策文件转化为企业可执行的投资收益率（ROI）提升方案，甚至帮助企业计算不同政策组合的效益差异。某次对接企业时，该团队提前梳理17项诉求并制订解决方案，实现"会议即决策"。

（三）打破"盲目式"招商：用战略定力取代焦虑跟风

以"生态思维"取代"单点博弈"。杭州在招商引资过程中，很好地诠释了"舍"与"得"的辩证思考。在招商引资过程中，杭州不再仅仅关注单个企业的短期利益，而是从整体产业生态出发，构建可持续发展的产业生态。

2019年，杭州市人民政府办公厅推出的《全市"一盘棋"产业链精准招商工作制度（试行）》正式实施，这是浙江省首个以市级层面为统筹，整合市发展改革委、投资促进局、财政、规划等部门资源，联动市、区县（市）及产业平台资源的招商机制。

2019—2022年，在产业链招商的思维推动下，杭州市制定并出台了产业链招商引资政策，创新了产业链生态圈招商引资体制机制，编制了一系列产业链生态圈招商引资图谱。正如杭州市投资促进局负责人总结的："当你真正将自己的位置找得很准时，你的产业高点可能也就出来了。"2024年，杭州落地总投资10亿元以上的五大产业项目36个，占所有10亿元以上投资项目的94.7%。[1]

目前，很多城市在招商引资过程中仍然有"捡到篮子里的

---

[1] 杭州：循链而上 链动全球 [OL].[2024-09-09].tzcj.hangzhou.gov.cn/art/2024/9/9/art_1621408_58893921.html.

都是菜"的短期思维,不注重招商引资过程中的产业链配套。不少地方为了抢抓新能源汽车、光伏等热门赛道的"风口",在招商引资时不顾自身资源禀赋、产业基础,宁可开出过度优惠、不符合当地实际的条件,也要上马新兴产业,导致企业"孤掌难鸣",最终也"留不住企业"。

(四)打破"内卷式"竞争:用出海招商取代互挖墙脚

从"存量竞争"转向"拓展增量"。招商引资不应该是城市间的"存量增长",而是应该"面向全球",整合全球的创新资源,着眼于全球市场,打造国际科创枢纽和创新高地。在越发沉重的招商压力之下,部分地方政府为争夺项目,加码招商政策,互挖存量企业,甚至内耗成地方"互伤"。其中滋生的政策无效耗损、"超常规优惠"等问题,不仅加剧了地方负担,更助长了部分企业"短期套利"心态,不利于高质量发展。

早在2015年,杭州就首次走出国门广发"英雄帖",举办"创客天下·2015年杭州市海外高层次人才创新创业大赛"(见表6-1)。据统计,截至2024年11月,大赛已吸引全球超12 000个项目参赛,近400个项目在杭州落地创办企业,注册资金超过30亿元。以大赛为起点,众多优秀青年和优质项目在杭州落地生根,近10家企业已成长为独角兽企业或准独角兽企业。①

---

① 毛郅昊,傅凌波.报名项目数量创历史新高 创客天下大赛迎来总决赛[N].杭州日报,2014-11-08.

表6-1　杭州市海外高层次人才创新创业大赛发展历程

时间（年）	记录
2015	杭州首次走出国门，举办"创客天下·2015年杭州市海外高层次人才创新创业大赛"，主要面向美国硅谷，辐射北美地区
2016	首设欧洲赛区
2017	首次分设留学人员创新创业项目和外国人创新创业项目两个专场
2018	大赛更名为"创客天下·杭向未来　杭州海外高层次人才创新创业大赛"
2022	为顺应杭州产业转型升级需求，新设现代服务业赛道，同时着重挖掘人工智能领域优秀项目
2024	征集到1949个项目参赛，同时为了注重参赛人的年轻化和项目本身的前沿性，增设"数字医药"和"类脑智能"两个特别专项赛

资料来源：根据网络公开资料整理而成。

以2017年总决赛一等奖项目为例，由美国加州大学洛杉矶分校的刘峻诚博士团队带来的"耐能人工智能"项目，提出在终端设备上（如手机）安装便携式人工智能系统的创新构想（见表6-2）。2019年，耐能人工智能在杭州成立分公司，并于2023年完成了共计9700万美元的B轮融资。目前，耐能人工智能已成长为边缘AI芯片独角兽企业，且计划在纳斯达克上市。

表6-2　2015—2023年杭州海外高层次人才创新创业大赛一等奖参赛项目

时间（年）	参赛选手	项目名称
2015	王孟秋（美国斯坦福大学）	计算机视觉与智能控制融合技术
2016	江涛（美国弗吉尼亚大学）	高性能骨再生医学材料

续表

时间（年）	参赛选手	项目名称
2017	刘峻诚（美国加州大学洛杉矶分校）	耐能人工智能
2018	黄贤骥（西班牙IESE商学院）	肿瘤复发预测基因大数据
2019	张迅（美国纽约州立大学）	g.Root生物医药公司：利用人工智能和临床专业知识为患者制订个体化最佳精准治疗方案
2020	崔建勋（法国巴黎IPAG高等商学院）	高纯度新型纳米材料装备研发及绿色量产
2021	崔迪（德国马克斯·普朗克生物衰老研究所）	眼科视网膜疾病的手术机器人与生物治疗
2022	潘大鹏（留法近20年）	法国G1航空产能转移及大型无人机
2023	李丕龙（得克萨斯大学）	新药开发和液-液相分离技术平台

资料来源：根据网络公开资料整理而成。

2024年1—7月，杭州实际利用外资47.9亿美元，总量位居全国第二，仅次于上海，其中制造业实际利用外资29.5亿美元，占比达61.5%。[①]

三、场景培育：把城市变成"超级孵化器"，应用场景也是新型基础设施

在过去10多年的发展中，杭州一直在将城市这个巨大的场

---

① 杭州：循链而上 链动全球[OL].[2024-09-09].tzcj.hangzhou.gov.cn/art/2024/9/9/art_1621408_58893921.html.

景逐步开放。可以说,只要有梦想,杭州就愿意创造场景,甚至量身打造专属舞台,让一个个"异想天开"都能进入现实。近年来,越来越多的城市将应用场景开放作为培育创新型企业的关键抓手,各地甚至掀起了一股"应用场景热",但并不是所有的城市都取得了预想的效果。要想提升城市的梦想变现能力,当地政府究竟要扮演怎样的角色、应该进入哪些领域、应该配套进行哪些改革,是对政府决策智慧的一次考验。

(一)敢于以城市为场景,以"城市级场景"锻造世界级集群

1. 依托"城市大脑"锻造世界级的数字经济产业集群

坚持全市资源大统筹,集合全市大场景,通过规模优势和场景延展锻造新技术、培育新业态,是杭州助力数字经济发展的突出亮点。作为全国首个提出"城市大脑"的城市,杭州通过开放应用场景实现在云计算、AI 等领域的全国领先地位。

2007 年,iPhone 的问世叩开了移动互联网的大门。同年,"云计算"一词被高频提起。2009 年,阿里云成立,成为中国云计算商用化的第一朵云。2016 年 10 月 13 日,杭州正式启动"杭州城市数据大脑"(简称"城市大脑")建设项目,为阿里云等企业提供大规模场景化技术验证平台,加速实现其核心技术突破。例如,阿里云开发的"飞天"操作系统和 ET 工业大脑,最初均通过城市大脑的交通治理场景打磨成熟。

截至 2021 年,杭州云计算与大数据产业增加值达到 1615 亿

元，占杭州市数字经济规模的比重达33%。[①] 阿里巴巴的云计算基础设施即服务（IaaS）市场份额连续多年位居亚太第一，阿里云在国内市场份额排名中位居榜首（见图6-2）。城市大脑不仅推动了阿里的云计算发展，还在视频监控领域促进了海康威视、大华股份等企业的发展，并以此形成了一个智慧城市的产业生态。

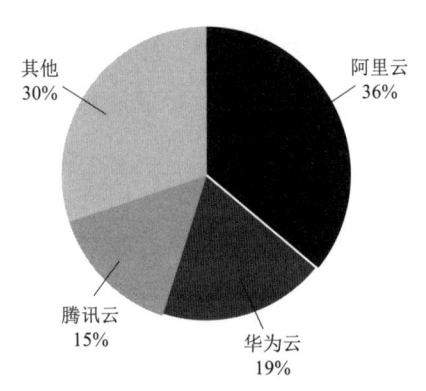

图6-2　2024年第三季度中国大陆云计算IaaS市场份额情况（按厂商划分）

资料来源：Canalys云服务分析统计数据。

目前，杭州集聚了阿里云（全球公有云市场份额第一）、海康威视、大华股份等领军企业，同时孵化出一大批上游硬件设备企业和中游公有云服务商。杭州城市大脑与阿里云的共生互哺关系，本质上是"城市级场景开放"与"技术商业化闭环"的双向

---

① 柯素芳. 2022年杭州市云计算产业链全景图谱（附产业政策、产业链现状图谱、产业资源空间布局、产业链发展规划）[OL].[2024-10-14].https://www.qianzhan.com/analyst/detail/220/221014-3d9fc1c5.html.

成就。阿里云通过城市大脑验证技术、构建生态，城市大脑则依托阿里云实现治理升级与产业跃迁。这一模式不仅定义了智慧城市的技术标准，更重塑了数字经济时代政企协同的创新范式。

2. 依托"数智杭州"孵育新一代的世界级企业

2021年，杭州在城市大脑建设的基础上，提出建设产业兴盛、万物智联、全域感知的"数智杭州"的发展目标。在这一发展目标之下，杭州在2022年专门出台了《关于促进智能物联产业高质量发展的若干意见》，将培育智能物联先进制造业集群作为建设"数智杭州"的第一大举措。杭州将依托万物互联场景需求，聚焦视觉智能、人工智能、网络通信、集成电路、智能仪表等领域，打造6条千亿级产业链，形成智能物联先进制造业集群。

"数智杭州"建设为人工智能等新一代创新型企业提供了巨大的应用场景，如云深处科技的四足机器人"绝影X30"在杭州电力隧道、消防等城市治理场景中完成数万次自主巡检，其运动算法通过智慧城市基础设施的实时数据反馈不断优化；群核科技的云端GPU渲染技术则被应用于城市数字孪生建模，通过杭州智慧交通、空间规划等项目验证，实现渲染速度的不断提升和成本的持续降低，其3D建模技术还被用于优化城市空间规划。

当前，杭州智慧城市建设不仅是治理工具，更成为培育科技企业的重要土壤，越来越多的企业依托城市级的大场景实现了技术的快速迭代和市场应用。目前，我国很多城市在开放场景过程中，仍然以领域化或区域化"小场景"为主，企业在创新落地的过程中面临"施展不开"等问题，技术落地效率不高，场景开放的价值也大打折扣。

（二）敢于率先探索，以"开创性场景"培育行业性新星

1. 敢于在新场景领域先行先试

城市运行本身作为"问题发生器"，能够为新技术、新产品提供应用场景，但应用场景建设的目的不应该仅仅是解决城市运行与管理存在的问题，更应该面向未来，具有前沿性和创造性，需要能够描绘未来10～30年的城市新场景，这样才能让城市成为"创新转化地"。杭州是国内最早开放自动驾驶道路测试的城市之一。2018年，杭州将一条未命名道路开放给企业测试无人驾驶汽车，让原本只能在封闭区域进行模拟测试的无人驾驶汽车正式进入路测阶段，并且一步步扩大路测范围，让商汤科技、新奇点等从事无人驾驶技术研发的企业，有了大展拳脚的机会。2019年10月，无人机物流公司迅蚁网络获得民航局颁发的全球首张城市物流无人机试运行"牌照"。这是国内首个完成运行风险评估和验证工作的特定类无人机试运行项目，也是中国无人驾驶航空产业发展进程中的一个重要的里程碑。

2024年，杭州市人民政府办公厅发布《杭州市智能网联车辆测试与应用促进条例》，允许L4级自动驾驶（高级自动驾驶）车辆在余杭区、萧山区全域公开道路测试，覆盖城市道路、高速公路、隧道等复杂场景。此外，杭州是最早开展无人机物流测

试的城市。2023年6月，杭州启动全国首个"城市低空物流试点"，规划了包括未来科技城、钱江新城在内的多条常态化航线，计划覆盖500个社区配送站。

当前，AI、量子计算、基因编辑等技术处于实验室到市场的关键过渡期，中小企业常因缺乏真实场景验证而夭折。在数字经济时代，行业内一直信奉"天下武功，唯快不破"，哪个国家、哪个城市越率先开展场景实验，就越有可能掌握先行优势和话语权，这就需要政府从"管理者"转向"风险投资人"，企业从"跟随者"变为"规则制定者"，最终实现创新生态的范式革命。

2. 敢于让小企业在重要领域先行先试

应用场景开放不仅是资源"共享"，更是创新"共生"。中小企业通常具备敏捷性和垂直领域的专注力，在应用场景开放过程中，中小企业不应该只是技术与市场创新的旁观者，更应该是参与者，只有这样才能打造更加包容、更具韧性、更具活力的创新生态，实现"大鱼小鱼共生共荣"的良性循环。

在杭州开放场景过程中，中小企业是重要参与者，也是受益者。在2023年杭州亚运会的田径赛场上，宇树科技的机器狗在场地中运送铁饼，这是机器狗首次被应用于世界级的体育赛事。此时，宇树科技还并不是风靡全球的"杭州六小龙"之一，杭州利用亚运会的机会，给了"宇树们"一次走入大众视野的机会。通过不断开放细分领域的场景机会，杭州不仅为大企业提供了技术落地的舞台，更为中小微企业创造了成长的土壤，让创新真正扎根于城市的各个角落。

（三）敢于同步开放数据，场景与数据并重，避免"数据跛脚"

数据"应开尽开"，为场景开放打下坚实的数据底座。场景开放与数据开放如同车之双轮、鸟之两翼，二者开放不同步导致的"数据跛脚"现象普遍存在。杭州在建设城市大脑之初，就提出了"531"的逻辑体系，其中的"3"即"三个通"，瞄准的就是数据的开放与场景的互联：第一个"通"是市、区、部门间互联互通；第二个"通"是中枢、系统、平台、场景互联互通；第三个"通"是政府与市场的互联互通。

为了给城市大脑提供必要的数据支撑，杭州以"无条件归集，有条件共享"为原则，自2017年8月28日起启动了政务数据资源归集共享大会战，先后从19个政府部门抽调业务、技术骨干20余人集中攻坚。截至2017年底，已归集59个部门、270多亿条数据，城市数据大脑数据累积量已达601TB。

2020年10月27日，杭州市第十三届人民代表大会常务委员会第三十次会议通过《杭州城市大脑赋能城市治理促进条例》，这是我国第一部数智城市的地方立法，要求建立数据全生命周期管理制度，确保数据"应归尽归、应开尽开"。目前，很多城市对政府掌握的数据十分敏感，很多大数据、AI企业经常提到，当前数据横向打通力度还远远不够，缺乏数据支撑的场景如同"无米之炊"，导致核心数据失去了交叉挖掘以产生更多价值的机会。

（四）敢于同步创新政策，"边试边立"引导护航新技术创新

场景开放与政策创新的协同推进，是培育新质生产力、重构竞争优势的核心路径。新技术的创新，很大程度上会对旧制度、旧政策产生挑战，在自动驾驶、低空经济等新兴领域，常常会出现技术迭代高速与制度相对滞后的矛盾，强化"边试边立"和政策的同步创新，是实现应用场景有效落地的关键一步。例如在智能网联汽车领域，2023年12月29日杭州市第十四届人民代表大会常务委员会第十五次会议通过《杭州市智能网联车辆测试与应用促进条例》（以下简称《条例》），杭州成为全国首个为智能网联车辆上路立法的省会城市，也是全国首个为低速无人车立法的城市。《条例》明确了智能网联车辆在不配备驾驶人或者随行安全员的情况下，智能网联汽车在紧急情况下需采取的安全措施。从全国层面看，很多城市目前仍然要求智能网联汽车必须配备驾驶人或者随行安全员。

当前，我国很多城市在应用场景落地过程中，忽视了政策同步创新的重要性，导致新技术、新产品陷入"上市牌照"困局。主管部门为促进行业发展先后立法立规，但因部门利益不协调等，最终导致大多数政策呈现收缩性、强监管的效果。

四、科创小镇：新型城市创新空间

2015年，浙江全面启动建设一批产业特色鲜明、人文气息浓厚、生态环境优美、兼具旅游与社区功能的特色小镇。浙江

特色小镇建设的关键点在于跳出"摊大饼、拼政策、重硬投入"的传统路径，转向"精准定位、系统共生、柔性生长"的新范式，实现小空间大集聚、小平台大产业、小载体大创新，这一转型不仅是发展方式的升级，更是杭州对"高质量发展"内涵的深刻回应。

（一）不是又大又全，而是以"垂直细分领域＋生态位占位"取胜

杭州的特色小镇以"垂直细分领域＋生态位占位"激活长板优势，在全国园区建设大潮中开辟差异化赛道。在杭州的特色小镇中，即使主攻同一产业领域，也会遵循差异定位、垂直布局的原则。例如，西湖云栖小镇深耕云计算和大数据领域，富阳硅谷小镇聚焦智能物联和新电商，浙大紫金科创小镇以数字经济和智能制造为主导，滨江创意小镇主攻数字传媒、虚拟现实和数字内容三大领域，桐庐快递科技小镇则专注于快递服务的智能化和高效化（见表6-3）。正是因为放弃了"大而全"逻辑，通过垂直整合打造高度集聚的生态圈，杭州最终实现了"单点突破—产业链延伸—生态闭环"的产业上升发展螺旋。

目前，部分城市在产业园区建设过程中常常追求规模效应，甚至存在同质化竞争和大量重复建设的情况。另外，部分园区为了完成招商指标，盲目引入项目，最终的结果则是专业楼宇不"专"，特色园区不"特"。

表 6-3　杭州数字经济产业特色小镇及主导产业

区县	名称	主导产业
上城区	丁兰智慧小镇	围绕"数字经济+新制造业",推动数字信息服务业、数字健康、数智制造、数字文创产业集聚和智慧景区、智慧社区、智慧园区协同发展
拱墅区	智慧网谷小镇	以数字经济为核心产业,定位 AI、数字传媒、数字健康、数字生活四大细分赛道
西湖区	云栖小镇	深耕云计算与大数据领域
西湖区	浙大紫金科创小镇	以数字经济和智能制造为主导产业,打造以数字经济、智能制造、生命科学为主导的国际人才特区
西湖区	艺创小镇	定位"艺术+产业",以政校合作模式建设的集艺术、产业、社区高度融合的生态、生产、生活小镇,形成了以设计服务业为主,现代传媒、信息服务、动漫游戏等产业
滨江区	创意小镇	以"数字+创意"为主线,主攻数字传媒、虚拟现实和数字内容三大区域,配套发展数字设计和数字会展业
滨江区	互联网小镇	以关键技术创新和应用模式创新为核心,形成从互联网技术研发到应用业务的完整产业链,涵盖网络通信、AI、金融科技、智慧医疗、数字文娱、新电商、新零售等多个领域
滨江区	物联网小镇	以物联网产业为主导,同时大力发展云计算、大数据、移动互联网等物联网基础性支撑产业
萧山区	信息港小镇	重点发展 AI、生命健康、集成电路、新消费四大产业
萧山区	图灵小镇	聚焦 AI、大数据、云计算三大主导产业
余杭区	梦想小镇	聚焦电子商务、软件设计、信息服务、集成电路、大数据、云计算、网络安全和动漫设计
余杭区	人工智能小镇	重点布局智能制造、智慧医疗、大数据、云计算、机器人、5G 通信技术等细分领域
富阳区	硅谷小镇	以数字经济为引领,重点发展智能物联、新电商、生命信息等产业
钱塘区	大创小镇	以数字经济为主导,重点发展集成电路、新型显示、柔性制造及相关智能应用产业
桐庐县	快递科技小镇	以数字经济为核心,致力于打造快递全产业链,实现现代快递的服务智能化、协同信息化、运输高效化、运营绿色化和管理科学化

资料来源:根据网络公开资料整理而成。

（二）不是传统园区，而是以微型文艺空间实现创新策源

作为微型创新创业策源地，文化与科技融合、生产与生活联动的特色小镇成为新型城市空间。杭州的特色小镇既非传统的行政区划，也不同于单一的产业园区，而是集产业创新、文化底蕴、旅游休闲和社区功能于一体的创新苗圃。

立足3平方千米左右的小区域，特色小镇打破了传统产业园区"重生产、轻生活"的模式，实现了生产、生活、生态的"三生融合"，以社区思维重构园区，让人才"愿意来、留得住、发展好"，重构了产业园区发展的底层逻辑。例如，在萧山图灵小镇15分钟生活圈内，酒店、医院、学校等配套设施一应俱全，"亚运观光路线"和"杭州数字经济旅游十景"更是吸引了百万游客，让产业园区焕发新的活力。云栖小镇不断打破科创与生活的界限：工作日，小镇是两万多名工程师的创新沃土；周末，小镇屋顶跑道和鲤鱼山公园则变身市民休闲打卡胜地。

更为重要的是，杭州赋予每个特色小镇独特的文化内核、文化属性和文化印记，"文艺范儿"的小镇让创新创业人才更有归属感。以艺创小镇为例，这里没有市中心的喧嚣，也不见传统产业园的单调，取而代之的是与自然和谐共生的错落建筑群，以及一方宁静的创新天地。依托中国美术学院和浙江音乐学院的文化底蕴，艺创小镇深挖文化基因，形成了"科艺融合"的创新发展模式，让数字文化企业在这里找到了理想的栖息地。游戏科学创始人冯骥正是被这里独特的文化氛围吸引。安心的创作环境、

良好的产业生态，以及毗邻的艺术院校，构成了难以复制的竞争优势。如今，艺创小镇已汇聚追光影业、艺高文化等3000余家文创企业，成为数字文化产业的集聚高地。

（三）不靠政策驱动，打造创新闭环，实现价值提升

从"政策驱动"到"生态赋能"，在小空间内重构创新生态。传统园区依赖土地优惠、税收减免政策，而杭州的特色小镇更加侧重在小空间内打造"研发—转化—应用"闭环，从而形成"创新雨林"。例如，云栖小镇打造了聚焦核心技术研究的"智元研究院"、聚焦研究开发与中试熟化的"西湖大学科技园"、聚焦科技成果落地孵化的"国科大杭州高等研究院 HIAS 科创园"等重点平台，实现了"创新策源+科技成果+产业转化"创新链全链条布局（见表6-4）。

表6-4 云栖小镇代表性创新平台

平台名称	建设功能
智元研究院	聚焦未来智能化装备发展需求和智能前沿科技，开展核心技术研究，是国家战略科技力量、国家实验室体系的重要组成部分
西湖大学科技园	定位为研究开发、中试熟化与产业化的全链技术服务平台，依托西湖大学现有红细胞治疗、3D打印、蛋白质组学分析等技术，为落地西湖大学科技园转化项目提供定制化一站式产业创新服务
国科大杭州高等研究院 HIAS 科创园	国科大杭州高等研究院与西湖区合力打造的高能级硬核科技产业孵化平台，集聚中国科学院体系创新资源，吸引技术创新优势明显、产业化前景良好的科技成果落地孵化

资料来源：根据网络公开资料整理而成。

目前,云栖小镇集聚阿里云、数梦工场、政采云等一大批顶尖涉云企业,形成了以云计算大数据为主导的特色产业集群。梦想小镇核心区布局了互联网村、创业大街、天使村和创业集市,引进超过60家知名众创空间孵化机构,举办马拉松、品牌IP市集等活动,形成了人才、项目、资本等配套生态。图灵小镇构建"1+5+N"创新联动服务体系,设立一站式企业服务中心,整合政府、企业、高校、社团、研究机构等资源,提供全生命周期的12大类130项服务。

(四)不是大拆大建,而是以产业为核心,实现存量更新

以服务产业发展和科技创新为核心,避免特色小镇泛房地产化、泛文旅化。自2016年特色小镇在全国快速铺开后,部分城市出现了"大拆大建"的粗放式发展倾向,以旅游类和农业类特色小镇为主导,甚至出现"房地产化"态势。杭州在特色小镇建设过程中以发展产业为核心目标,通过存量更新、文化活化、生态共生、社区共建等创新方式,实现"轻改造、微更新、可持续"的有机生长。

根据杭州市人民政府2015年印发的《杭州市人民政府关于加快特色小镇规划建设的实施意见》(杭政函〔2015〕136号),要求每个特色小镇"选择一个具有当地特色和比较优势的细分产业作为主攻方向,使之成为支撑特色小镇未来发展的大产业",并明确提出"鼓励各区、县(市)重点发展以制造类、研发类产业为主体的特色小镇"。在配套出台的3项财政支持政策中,其中有 2 项明确指向发展或创新发展指标（见表 6-5）。在杭州特色小镇的建设思路下，杭州的特色小镇以产业链服务能力替代土地资源依赖，以创新生态能力对冲地产开发冲动，为全国特色小镇高质量发展提供了可复制的"杭州范式"。

表 6-5 杭州特色小镇建设配套财政支持政策

序号	内容
1	市级特色小镇在创建期间及验收命名后，其规划空间范围内的新增财政收入上缴市财政部分，前 3 年全额返还、后 2 年减半返还给当地财政
2	对市级特色小镇内的众创空间，同时被认定为市级众创空间的，在杭州市小微企业创业创新基地城市示范期内，每年给予补助 20 万元；被认定为省级、国家级科技企业孵化器的，在示范期内每年分别给予补助 25 万元和 30 万元
3	对市级特色小镇内为服务特色产业而新设立的公共科技创新服务平台，按平台建设投入的 20%~30% 给予资助，单个平台资助额最高不超过 200 万元；对特别重大的公共科技创新服务平台，可按"一事一议"的原则，由协调小组办公室研究制定相关扶持政策报市政府批准。各区、县（市）政府和大江东产业集聚区管委会、杭州经济开发区管委会要制定辖区内特色小镇扶持政策，明确省、市扶持资金用于特色小镇规划建设

资料来源：《杭州市人民政府关于加快特色小镇规划建设的实施意见》（杭政函〔2015〕136 号）。

第七章

杭州的文化本底:
东南形胜,三吴都会,钱塘自古繁华

历史长河百折千回，每个城市自有底色。一座城市的人文精神、人文特色，深埋于城市的历史发展进程，决定着城市的兴衰。它是一座城市区别于另一座城市的基因。在这种基因里，既有历经文化千年淬炼的野性，亦有现代商业的理性自觉。"东南形胜，三吴都会，钱塘自古繁华。"杭州在古代便是商业与创新的沃土，"士、农、工、商，皆本业"的理念，奠定了杭州的商贸基因。从"四千精神"到"新四千精神"，浙商始终在变与不变中寻找平衡，变的是工具与赛道，不变的是草根一般旺盛的生命力。千年来，浙江的创新密码始终蕴藏于开放与务实的辩证统一。"无杭不成市"，当商业文明与传统智慧共生，当数字科技与浙江精神相遇，杭州这片土地便不断迸发出敢闯敢试、善作善成的蓬勃生机。

一、千年杭城：文化与商贸的交响

历史的种子，决定今天的基因。杭州的商业文明、创新文化从来都不是从零开始的，而是一场持续千年的"接力游戏"。早在良渚文化时期，这里就展现出高度发达的农业和手工业，良渚文化的玉器、石器不仅在长江下游地区传播，还影响了黄河流域、广东等地。隋唐以来，京杭大运河贯通南北，钱塘江与东海相接，杭州成为"东南第一州"。南宋时期，临安府（今杭州）成为当时全球最大的城市，人口逾百万，《梦粱录》中记载："今诸镇市，盖因南渡以来，杭为行都二百余年，户口蕃盛，商贾买卖者十倍于昔，往来辐辏，非他郡比也。"从元代到明代，杭州虽因朝代变迁政治地位下降，但始终是江南经济的核心、商贸枢纽，湖州丝商、徽州茶商在此交会。这一时期商帮崛起，他们"遍地龙游"，经营丝绸、茶叶、古玩等，足迹遍布山河九州。当前，漕运的"热闹"已然不再，但杭州"敢闯敢试"的浙商精神从未陨落。从"电商之都"到人工智能弄潮儿，从肩挑货担走四方到跨国企业立潮头，刻在基因里的"敢闯敢试""我命由我不由天"信念，如钱塘潮涌，既滋养着经济热土，更润泽着八方发展沃野。

（一）杭州山水中"韧性包容"的城市基因

1. 山水之城造就务实创新的工匠精神

自秦朝设钱塘县治于灵隐山麓，杭州便开启了与山水共生的文明历程。汉代华信主持修筑防潮海塘，将西湖与钱塘江分隔，奠定了"城湖相依"的原始格局。古代杭州人生活在山水相间、人多地少的有限空间里，"七山一水"的生存环境要求杭州人必须重视精耕细作、精益求精的劳作，这也让杭州人养成了修身事功、追求精致的做事理念和行事风格，造就了杭州人骨子里的韧性。古代杭州的玉器、茶叶、瓷器、丝绸、碑刻、园林、建筑等，均以工艺精良著称于世。例如，西湖龙井的种植需严格遵循气候与土壤条件，采制工艺包含"抓、抖、搭、搨、捺"等十大手法；南宋官窑的瓷器烧制工艺极其困难复杂，每件作品须经72道工序方能完成，这些都体现着杭州人对品质的极致追求。

这种创新有为的工匠精神在数字经济时代也成就了一大批精益求精、以匠心促创新的优秀企业。正如云深处科技相关负责人提及的："在研发机器人时，团队对产品品质有着极高的追求，尤其是在外壳防护、脚垫、美观度等容易被忽视的小细节上精益求精。"云深处科技为了找到最完美的方案，研发人员设计了十几个版本的机器人脚垫。为了让机器人在行走时腿上少沾泥、水，研发团队还专门向高校的专家团队请教，不放过任何一个优化产品性能的机会。当前，杭州一群"浪漫主义工程师"正在定义杭州的"匠造哲学"。今日杭州，既有西泠印社传承的金石篆刻，也有人形机器人精密制造的"新工匠"；既有龙井茶山的采茶歌谣，也有云栖小镇的代码诗行。

2. 海潮文化里允许失败的包容气度

杭州的形成是海与潮的产物。秦时，钱塘城邑位于灵隐山麓，当时的西湖还是与钱塘江、古东海相通的浅海湾。两汉时期，海潮、江流携带泥沙，日堆月积，渐成一条沙坎，把海湾与大海分割，这才有了西湖的雏形。西湖的形成、杭州城的形成，始终与抵挡钱塘江潮相伴。面对日冲月刷的钱塘江潮，杭州城不但没有潮进城退，反而城潮共生，一代代浙江人与海潮死磕到底，争夺盐碱遍布的生存空间，也造就了杭州人不气馁、肯拼搏、永不言败的"杭铁头"精神，铸就了杭州这座城市屡败屡战、包容失败的胸怀和气魄。2002年网络经济遭遇寒流之时，阿里巴巴将当年的发展主题定位为"活着"。到了年底，阿里巴巴不仅奇迹般地活了下来，还实现了盈余。其中体现的，正是杭州人、杭州企业"失败了再来"的激情与勇气。

（二）商贸文明中"重商开放"的发展密码

1. 商通四海与链接全球的大城气度

在京杭大运河的牵引下，唐代杭州"咽喉吴越，势雄江海，骈樯二十里，开肆三万室"，已是东南经济重镇；北宋时期晋升全国六大都会之列，宋仁宗亲赐"东南第一州"称号。至南宋定都临安府，商业发展臻于鼎盛，突破坊市界限的街市昼夜不息。据《梦粱录》记载，当时的杭州"自融合坊北至市南坊，谓之'珠子市'，如遇买卖，动以万数"。到了两宋时期，杭州已发展成全国重要的对外贸易港口。作为南宋海外贸易核心枢纽，杭州与日本、高丽、阿拉伯国家等50余国建立商贸往来。元、明、清三代建都北京，杭州政治地位虽有所下降，重回江南一隅之地，但我国的经济重心已完成南移，且仰赖大运河的漕运，所以杭州仍关系着国家的兴衰成败。"东南财赋地，江左人文薮"，杭州几百年来一直都是江南的核心城市。

在漫长的历史长河中，杭州大运河扮演了至关重要的角色。它促进了南北经济的交流与融合。南方的丝绸、茶叶、瓷器等丰富物产通过运河被源源不断地运往北方，而北方的粮食、木材等物资也得以运抵南方。这种物资的流通极大地推动了杭州地区的商业繁荣。运河两岸商铺林立，贸易频繁，杭州逐渐成为江南地区的经济中心之一。大运河不仅输送着年逾五万吨的漕粮和数十万匹御用绸缎，更将中原礼乐、江南文脉、海外文明熔铸一炉。古时杭州就已是世界级城市，正是这种"大城"的战略自信，让杭州企业有底气、有勇气与世界一流的企业同台竞技，让杭州这座城市与世界一流的创新之城交相辉映。

2. 重商思潮与"企业家之城"

宋代推行"农商并重"政策，当"市列珠玑，户盈罗绮"的盛景铺展时，商人地位显著提升，市舶税收更成为国家财政支柱，南宋时"各阶层皆涉商"已成常态。至明清时期，杭州士人经商蔚然成风，商铺内设书斋渐成标配，甚至出现大批文人弃笔从商的现象。来自不同地区的人沿着运河往来，带来了各自的风俗习惯、艺术形式和思想观念。正是这种"重商"的商贸文化，成就了杭州发达的民营经济，活跃的民营经济也成为科技创新的产业地基。

2024年，浙江全省市场主体达1040万户，平均每6.5个浙江人就有 1 个是老板。① 其中民营企业 350.53 万户，占企业总量的 92.06%。杭州民营经济企业数量达到 92.07 万户，占全省民营企业总数的 26.27%，居全省之首。② 杭州连续 22 年蝉联民企 500 强总部最多的城市，数量远超深圳、苏州，是名实相副的民企之城。

（三）文化之城中"灵感碰撞"的科技诗意

诗意之城与创新之都的"灵魂碰撞"。千百年来，杭州以"山水登临之美，人物邑居之繁"享誉四方，勾留下无数文人墨客，营造出世代名城的繁华。杭州，有粉墙黛瓦，有断桥长梦，有才子佳人，有诗词歌赋。杭州是一个充满诗意和文艺范儿的城市，历代文人墨客以笔砚为刻刀，在杭州湖山间镌刻出天人对话的诗性空间。白居易"未能抛得杭州去"的眷恋，苏轼"淡妆浓抹总相宜"的称赞，陆游手中的"矮纸斜行闲作草，晴窗细乳戏分茶"，共同构建起杭州作为文人精神原乡的文化地位。出生于 13 世纪中期的意大利人马可·波罗对当时杭州城的印象为："杭州是世界上最美丽华贵之天城。"在这个充满诗意和文化底蕴的城市，科技创新人才为这个城市注入了另外一种"气质"。这种城市文化的交融让杭州既有"西子湖畔品茶"的雅致，又有"云栖大会论剑"的锋芒。

---

① 浙江省省长王浩：平均每6.5个浙江人就有1个老板[OL].[2024-03-27].https://news.qq.com/rain/a/20240327A0679B00.
② 江南. 350万家民企撑起浙江经济，杭州民企数量超90万[N].长三角日报，2025-02-07.

当前的杭州，既有"电商之都"的创新敏锐，又有"人间天堂"的生活诗意。创业者称其"节奏稳、房价适中"，既能专注于长期研发，又能享受西湖边的灵感碰撞，乐享千年文化的熏陶，从中汲取精神滋养。以杭州艺创小镇为例，小镇由中国美术学院、浙江音乐学院与西湖区共建，依托三山（龙山、象山、狮山）环聚的自然环境，将工业遗址改造为艺术空间。例如，小镇保留了原双流水泥厂的巨型水泥圆筒和碧绿的草坪，打造了"小冰岛"等标志性景观，在开放式、低密度的商业街区错落分布着咖啡店、中古小店、花店和艺术空间，移步换景间仿佛置身于"诗与远方"的画卷。正是这样充满文艺范儿的小镇，集聚了游戏科学等一大批数字创意企业。目前，小镇集聚了上影股份中南总部、追光影业、杭州游科、艺高文化、洲明时光坐标等3000余家文创企业，影视、动漫、游戏企业占比达70%。

二、人才沉淀：杭州名士与新一代创新人才的对话

"功以才成，业由才广"，人才是引领杭州发展的关键因素。杭州的人才史，是一部"天时、地利、人和"的交响曲。杭州以其独特的自然禀赋与人文积淀，孕育了一代代名士贤才。山水形胜滋养了文心诗性，教育传承夯实了知识根基。5000年来，这片土地始终以开放、包容的胸襟，将山水灵气转化为人文荟萃，让"东南形胜"不止于地理，更成为人才的高地。独特的人文气

质和历史文化底蕴,成为这里吸引各方人才的重要因素。今日杭州,依然是全国人才培养的高地,也依然是人才集聚的枢纽,正是因为人才之间的"化学效应",让杭州再一次成为全球关注的焦点。

(一)精神之光:杭州名士的精神丰碑

1. 文人风骨与"经世济民"的精神传承

杭州的山水不仅孕育了诗情画意,更滋养了经世致用的英才。自两宋以来,"崇尚文治"的政策以宽松、宽容的态度对待文人士大夫,为宋代文人士大夫提供了一个敢于说话、敢于思考、敢于创造的空间,而科举制度的革新打破了门第桎梏,寒门子弟得以通过学识改变命运。这种开放包容的社会氛围,使得杭州成为知识分子的精神原乡。白居易任杭州刺史期间,以《钱塘湖石记》记录水利工程的科学设计。苏轼在疏浚西湖时写下《杭州乞度牒开西湖状》,将治水智慧升华为城市治理哲学。南宋范成大在《吴船录》中描摹的"寄情山水而不忘家国"的士人风骨,恰是杭州文脉的精髓。至晚清,龚自珍以惊世诗文敲响变革钟声,其"不拘一格降人才"的呐喊,成为近代思想启蒙的先声。章太炎则以笔为剑,在民主革命浪潮中唤醒沉睡的国人。这些文人政治家以笔墨承载道义,用行动诠释了"经世致用"的真谛。

西湖的潋滟波光中,倒映着千年士人的济世情怀。今日钱塘江畔,也正好有一群具有"经世济民"精神和"家国情怀"的年轻人在各自的领域发光发热。正如强脑科技创始人韩璧丞曾表示,

"我们希望能在未来的5～10年，帮助100万名残疾人从家里走出去，像健全人一样去感受真实世界的美好。"强脑科技正以其硬核的科技实力，践行着科技企业的"创新温度"和"家国情怀"。

2. 科技之光与跨越千年的创新基因

北宋的杭州见证了世界印刷史上的革命——毕昇发明的活字印刷术，这项早于欧洲400年的技术因沈括的《梦溪笔谈》得以传世。沈括这位百科全书式学者，在数学领域首创隙积术与会圆术，在天文学方面提出太阳历雏形，在地理学方面创立流水侵蚀学说。他在《梦溪笔谈》中首次记载了石油的用途，并预言"此物后必大行于世"。《梦溪笔谈》不仅是科技实录，更折射出宋代杭州的创新气质。沈括将田间地头的民间智慧转化为科学理论，这种"格物致知"的精神，让英国学者李约瑟盛赞其为"中国整部科学史中最卓越的人物"。

（二）发展之脉：崇文重教的文化传承

临安府作为南宋文化中心，其官学体系堪称国家教育典范。南宋定都临安府后，杭州跃升为全国教育中心。城内教育网络密布，官学、书院、私塾交织，"弦诵之声，往往相闻"，形成了完善的人才培养体系。据《西湖老人繁胜录》记载，南宋后期科举应试者激增至十万之众，贡院常现"十万人纳卷"的盛况。除了传统经学教育，临安府还开创了专业教育先河。武学作为古代重要的军事学府，培养战略人才；算学、医学等专科学校更能体现教育体系的多元化。从太学严谨的八分考核，到书院自由的学术争鸣；从十万士子赶考的浩荡场面，到深山书院的不灭灯火，为后世留下了"重教兴学"的宝贵精神遗产。

今日杭州，人才培养依然是城市发展的重中之重。2003年，时任浙江省委书记习近平做出了"发挥八个方面的优势""推进八个方面的举措"的决策部署，简称"八八战略"。[①] 其中，第八条明确指出："进一步发挥浙江的人文优势，积极推进科教兴省、人才强省，加快建设文化大省。"[②] 作为省会的杭州，当仁不让地走在贯彻落实的最前列。2004年3月，杭州市委、市政府颁布了《中共杭州市委、杭州市人民政府关于大力实施人才强市战略的决定》（市委〔2004〕13号），之后每年的政府工作报告中均提及人才工作。从"十一五"到"十四五"，杭州每五年会出台专门的人才发展规划，人才强市战略深耕20余载从未动摇，确立了人才发展的长期主义与创新创业的顶层逻辑。

从高校看，早在1978年创建计算机系时，浙江大学就牢牢把握人工智能前沿趋势，将"研究人工智能理论、设计新型计算机"列为建设方案的第一条。同年，浙江大学招收了第一批人工智能专业硕士研究生。浙江大学是国内首批35所设立人工智能本科专业的高校之一，于2019年获批国务院学位办自设全国高校第一个人工智能交叉学科，已形成从本科生到研究生"人工智能"及"智能+"人才培养完整体系。

[①] 新闻链接：习近平总书记提到的"八八战略"[OL].[2020-04-01].https://www.gov.cn/xinwen/2020-04/01/content_5498056.htm.
[②] 习近平.干在实处走在前列——推进浙江新发展的思考与实践[M].北京：中共中央党校出版社，2006.

《中国城市人才吸引力排名：2024》显示，在2023年最具人才吸引力城市100强中，杭州位列第五。2024年，"创客天下·杭向未来 2024杭州市海外高层次人才创新创业大赛"共征集到来自全球30多个国家和地区的2154个项目（含两个特别专项赛）报名参赛，其中留学人员项目1239个，外国人项目710个，报名项目总数创历史新高；在报名参赛人员中，博士约占55.5%、硕士约占38.76%。① 作为全国首批青年发展型城市建设试点，杭州将青年发展纳入城市发展总体规划，出台了"春雨计划""青荷计划""青年优居计划""521人才计划""131人才工程"等一系列"定制"政策，让年轻人"此心安处是吾乡"。2019—2023年杭州市分别引进35岁以下大学生21.2万人、43.6万人、48.3万人、36.4万人、39.7万人。②

三、浙商企业家精神：读懂杭州人的创业故事

在钱塘江的潮涌声中，有一群人用脚步丈量商海，用双手改写命运。习近平总书记在《之江新语》的《不畏艰难向前走》一文中指出："浙江之所以能够由一个陆域资源小省发展成为经济大省，正是由于以浙商为代表的浙江人民走遍千山万水、说尽千言万语、想尽千方百计、吃尽千辛万苦，正是由于历届党委、

---

① 毛郅昊. 杭州引才引智磁吸力持续强劲 [N]. 杭州日报，2024-11-15.
② 姚似璐. 人口观察｜杭州常住人口连续9年两位数增长，与经济增长同步 [OL]. [2024-02-26]. https://www.thepaper.cn/newsDetail_forward_26465786.

政府尊重群众的首创精神,大力支持,放手发展。"① 这"四千精神"既是一种当时的经历经验总结,更是一种永恒的精神传承。改革开放后,我们喜见"浙商"一路走来,弦歌不断。浙商以"四千精神"开疆拓土,将小商品做成大产业。浙商既非出身显贵,也不坐拥资源,却硬是在改革开放的浪潮中闯出一片天地,穿越经济周期的这"坡"那"坎"、这"风"那"雨",实现了从无到有、从弱到强、从传统制造到"互联网+"再到AI创新的华丽蜕变,书写了一部部创业传奇。

(一)"四千精神"中的敢为人先

浙商的创业史,是一部突破发展限制、敢为人先的远征史。浙江"七山一水二分田"的地理格局,塑造了浙商敢为人先的生存智慧。在西部群山与东部海岸的夹击中,台风肆虐、土地贫瘠,却淬炼出浙商文化特有的野性与果敢,使浙商骨子里就带着拓荒者的倔强,敢于直面风浪,在夹缝中搏出生机。

经济学中有一个著名的现象,叫作"资源诅咒",其含义是资源矿产丰富的国家或地区可以出卖资源获得可观的利润,从而也会失去进取的动力。龙游商帮便是草根逆袭的缩影。他们不似晋商、徽商倚仗盐业垄断,而是靠双脚丈量山河,以"天涯海角皆足迹"的韧劲,将货物贩至西北边陲甚至云贵深山。据《明代浙江龙游商人拾零》等文献记载:明成化年间,仅云南姚安府

---

① 习近平.之江新语[M].杭州:浙江人民出版社,2007.

（今云南楚雄彝族自治州西部）就聚集了浙江龙游商人和江西安福商人三五万人。面对资源匮乏的困境，浙商展现出惊人的创新智慧。

在改革开放的过程中，浙江人凭借"四千精神"，从做别人不愿做、不敢做的事情起步，逐步发展壮大。从全国第一张"个体工商业营业执照"诞生到全国首个小商品批发市场创办，从全国第一家股份合作制企业登记注册到全国首家乡镇企业集团成立……浙商开创了一个个"全国第一"。台州商人用废弃摩托车配件组装出第一辆吉利汽车，温州制鞋企业用"前店后厂"模式突破生产瓶颈，宁波商帮红帮裁缝从一针一线起步，创下中国第一套西装、第一套中山装的传奇。

在市场中找商机、在竞争中求成长、在困境中谋突围，浙商走出家门求发展、跨出国门找市场，实现了"哪里有市场，哪里就有浙商"，做到了"买全球、卖全球"。当全球科技竞争步入生成式AI、量子计算与新能源革命的新阶段，浙商更是展现出坚定的进取意志。这种"走遍千山万水、吃尽千辛万苦"的执着，本质上是对发展空间的主动拓展，这些"说尽千言万语、想尽千方百计"的实践，实则是市场倒逼下的创新突围。

（二）"两板精神"中的务实创新

这是一个"一无所有，一股脑只想着发家致富"的群体，他们具有"白天当老板，晚上睡地板"的双重身份——这勾勒出了浙商独特的生存图景。这种身份切换不是简单的角色转换，而是创业者在资源约束下的务实创新。改革开放的春风一至,浙商的闯荡基因便如种子遇雨,破土疯长。彼时的浙江人跨出家门,以"什么苦都肯吃,什么活都能干"的姿态,将"下等活"干成了大生意。弹棉花、补鞋、磨豆腐……这些旁人眼中微末的行当,被他们拧成了一股改变命运的力量。

20世纪80年代,台州十万"豆腐大军"涌入北京,用一板车豆腐撬动北方市场,从雅宝路到动物园服装批发市场、大红门服装批发市场等,都闪现着浙江人的影子,还涌现出一批"浙江村";浙江省两百万打工者散作星火,从街头巷尾的修鞋摊、眼镜铺里燃起了民营经济的燎原之势。没有豪言壮语,只有步步为营的务实。他们信奉"哪里没有市场,就去哪里拓荒",用"白天当老板,晚上睡地板"的拼劲,将小作坊熬成跨国企业。

在浙商的价值谱系中,物质享受永远让位于事业追求。宁波服装商白天穿梭于各类写字楼与商场洽谈订单,晚上则在车间监督生产;绍兴纺织企业家白天在谈判桌上运筹帷幄,转身则投身于实验室调试最新面料;传化集团创始人徐冠巨在创业初期,全家挤在简陋的工棚里,却将全部积蓄投入研发新型助剂;正泰集团南存辉在漏雨的厂房里坚持生产;万向集团鲁冠球在铁匠铺里打造出跨国企业。十几年前,吉利创始人李书福因为一句"汽车就是四个轮子、一个方向盘、一个发动机、一个车壳,里面两个沙发"语惊四座。[①] 曾经一度不被看好的吉利汽车,现已发展

---

① 赵明月.李书福的"进化":汽车业进入3.0时代[J].中国经济周刊,2014(15).

成为中国自主品牌汽车的骄傲。鲁冠球曾说,他想在杭州建一个汽车城,为每位杭州市民造一辆车。宗庆后的目标是"成为杭州的李嘉诚"。这种对价值和财富的独特认知,使得浙商群体形成了"再投入、再创新比消费享乐更重要"的集体共识,为企业的持续发展注入了强劲动力。

第八章

协同创新生态:
城市之幸

我国主要科技创新城市已经聚集了一批大型科技企业,并且围绕龙头企业衍生出协同创新生态。大企业是城市发展的产业根系,是创新的产业本底。从这个角度看,大企业是城市之幸。从国际城市看,很多时候,一家企业就是一个城市的产业标识,犹如通用、福特之于底特律,波音之于西雅图、苹果之于硅谷。北京有百度集团、抖音集团、中科寒武纪等龙头企业,上海有韦尔股份、澜起科技等代表性企业,深圳有华为、腾讯控股、比亚迪等领军企业,杭州则有阿里巴巴、海康威视等知名科技巨头,在这些科技大企业的引领下,AI 等新兴科技创新生态正在不断壮大、持续繁荣。

一、大小企业的生态

杭州正在形成一种机制,这种机制会让杭州发生质变,助力中小企业逐步走向科技创新的前台，成为科技创新的主体。

哈佛大学商学院教授迈克尔·波特曾在《国家竞争优势》一书中提出"国家竞争力"的概念。他认为，国家竞争力集中体现为产业在国际市场中的竞争表现，并指出这一概念同样适用于地区和城市。城市竞争力的核心与大企业密不可分。《财富》世界500强企业、独角兽企业都是城市竞争力最集中的体现，世界上的很多地方就是因为有一家企业而成为城市的。一定有人反驳，大企业都是从小企业成长起来的，"杭州六小龙"都是小企业。诚然，企业的成长需要一个过程，但当前大企业的主动创新活动越发频繁，越发重要。

大企业既具备较强的资本、技术、人才优势，又具备对创新的市场敏感性，更倾向于搞大研究、搞基础研究。大企业在产业集群、资本赋能、人才聚集及产业链与供应链的搭建等领域，对城市下一轮创新及中小企业成长做了很好的铺垫。在此基础上，中小企业在细分领域创新探索，在城市产业生态中汲取养分，实现萌芽与成长。微软给OpenAI的投资高达100亿美元，提供了几十万张GPU算力和巨量数据用于ChatGPT的推理。从这个层面上讲，没有微软就没有ChatGPT。

目前，杭州已成功构建起从基础层到应用层的完整产业链条，集聚了蚂蚁集团、网易等49家AI领域上市公司，以及群核科技、深度求索等新锐企业梯队，形成了龙头引领、中小企业协同的创新生态。

（一）围绕大企业进行产业生态圈布局

2022年，杭州提出打造智能物联、生物医药、高端装备、新材料和绿色能源五大产业生态圈。在五大生态圈之下，杭州又梳理出20多条重点产业链，包括视觉智能、集成电路、合成生物、智能机器人等。每个生态链实行"链长制"，除了由市领导担任的"链长"，还有一个关键角色就是"链主"——行业龙头企业。这些"链主"在生产、创新、信息交流等方面发挥组织枢纽作用，带动产业链上的中小企业协同创新发展，从而形成产业生态圈。以杭州智能物联生态圈为例，生态圈龙头企业主要包括海康威视、宇视科技、大华股份、恒生电子、中控技术和每日互动等。这些企业在智能物联领域各具特色，共同推动了杭州智能物联生态圈的发展。此外，杭州通过聚焦智能物联、生物医药、高端装备、新材料和绿色能源五大产业生态圈，采取"百场千企"系列对接活动，为企业供需匹配搭建平台，大企业发布技术创新需求，小企业进行"揭榜"。

（二）围绕龙头企业实现片区集群发展

一家大企业可以促进一个特定区域内某个产业上下游空间上的集中发展，对周边资源、信息、人才等要素产生一种向其靠近的向心力，从而推动片区集群式发展。

以余杭区为例，余杭区围绕阿里巴巴，对城区产业空间架构持续重塑。2013年，文一西路旁的阿里巴巴西溪园区（当时叫"淘宝城"）一期启用，上百家与淘宝有业务关联的企业在周边集聚。当年文一西路两边,只有少量园区,西溪园区是一片真正的"希望的田野"。余杭区紧紧抓住数字经济的发展机遇,逐步促进阿里业务的先后落地,阿里巴巴总部、湖畔创业研学中心、菜鸟、之江实验室、达摩院等形成了当前的未来科技城。除了阿里巴巴全球总部,淘天集团、菜鸟集团、云智能集团旗下的钉钉,以及飞猪旅行、达摩院等总部都布局在余杭区。2024年,在总部位于杭州市的企业中,余杭区有67家企业上榜。[①] 其中,千亿级总部企业2家,百亿级总部企业4家。

余杭区在阿里未来科技城的基础上,又规划打造了中国(杭州)人工智能小镇,从AI芯片到传感器、从机器视觉到类脑算法、从机器人到大模型,在基础层、技术层和应用层都形成了较为完善的产业链。脑机接口企业强脑科技就是在中国(杭州)人工智能小镇走出来的"杭州六小龙"之一。

除了余杭区,桐庐也是一个借助龙头企业而发展壮大的辖区。桐庐重点围绕海康威视头部企业的优势,加强培育"科技初创企业—省科技型中小企业—国家高新技术企业—省科技'小巨人'企业—省科技领军企业"梯队企业,已累计培育智能物联领域国家高新技术企业16家、省科技"小巨人"企业1家。[②]

从企业端看,自海康威视2014年落地杭州桐庐,桐庐在10年间聚集了海康威视电子、微影智能、海康微影、海康机器

---

① 资料来源:《2024年度杭州市总部企业认定名单》。
② 洪恒飞,江耘.杭州桐庐:建起智能物联百亿级产业链[N].科技日报,2024-05-15.

智能等海康系企业，并吸引了里德通信、励升科技、源展电子等20余家产业链配套企业。2023年，桐庐视觉智能产业产值达189.77亿元，成为县内首个百亿级规模的产业集群。[①]海康的发展不仅给桐庐带来了生态集聚，也推动了杭州本地从摄像头外壳注塑到视频压缩芯片设计等200多家配套企业的发展创新。

（三）大中小企业逐渐构建起协同创新生态

阿里巴巴集团与吉利控股集团在云计算和工业互联网、汽车智能化及智能出行、数智化营销、可持续发展四个方面展开深入合作。2024年《财富》世界500强企业中，杭州已经有阿里巴巴、吉利控股等9家企业榜上有名（见表8-1）。得益于阿里巴巴等龙头企业的集聚效应，截至2025年2月7日，余杭区拥有超3000家国家高新技术企业、91家国家级专精特新"小巨人"企业、669家省级专精特新中小企业、6794家省科技型中小企业，构建了大中小企业协同发展的雁阵式企业梯队。[②]

强大的创新生态又进一步促进了片区创新资源的集聚和能级提升。目前，未来科技城已经是浙江省科研重器集群最密集的区域之一，浙江首个国家大科学装置"杭州超重力场"，之江、良渚、湖畔、天目山四大省级实验室，北航国际创新研究院，自旋芯片与技术全国重点实验室等创新平台相继落户余杭。

[①] 洪恒飞，江耘.杭州桐庐：建起智能物联百亿级产业链[N].科技日报，2024-05-15.
[②] 杨阳.2298亿元！增速10.2%　余杭数字经济核心产业增加值何以全省第一？[N].余杭日报，2025-02-07.

表 8-1　2024 年《财富》世界 500 强企业中浙江省企业名录

企业	总部所在城市	2023 年排名	2024 年排名	变化
阿里巴巴集团控股有限公司	杭州	68	70	-2
浙江荣盛控股集团有限公司	杭州	136	138	-2
物产中大集团股份有限公司	杭州	138	150	-12
浙江吉利控股集团有限公司	杭州	225	185	+40
浙江恒逸集团有限公司	杭州	244	243	+1
青山控股集团有限公司	温州	257	265	-8
浙江省交通投资集团有限公司	杭州	310	330	-20
杭州市事业投资集团有限公司（新进企业）	杭州	—	402	—
杭州钢铁集团有限公司	杭州	411	410	+1
海亮集团有限公司（重新上榜）	杭州	459（2022 年）	429	+30

资料来源：《财富》。

二、龙头的引领：生态哺育

杭州在数字经济领域已形成以阿里巴巴、蚂蚁集团、海康威视、新华三集团等为龙头，上市公司和独角兽企业为中坚力量的创新雁阵。目前，杭州已打造"中国视谷""中国数谷""中国元谷""中国飞谷""中国云谷"五大产业地标，吸引并培育了一批不同行业、不同领域的数据要素型企业，形成了杭州特有的数字经济产业生态体系。

值得重视的是，杭州与阿里巴巴是一座城市的地方政府和企业在科技创新上的双向奔赴。杭州市政府通过政策支持和优质服务，为阿里巴巴的发展提供了良好的环境，多次强调对阿里巴巴的支持，提出"店小二"式的服务理念，健全"全方位""全天候"的沟通机制，用"阳光雨露"浇灌出了阿里奇迹。

从杭州看，阿里巴巴在互联网、数字经济和 AI 领域，对杭州数字经济的发展起到了重要的牵引作用。阿里巴巴在杭州积极发展，茁壮成长，为杭州建设"数字经济第一城"提供了强大的助力。阿里巴巴等龙头企业在杭州广袤的产业原野上播撒下科技、创新的种子，培育上下游企业，不仅在产业本底上重塑了杭州的经济结构，更是成功助力这座城市一跃成为中国数字经济重镇。

（一）阿里巴巴与杭州共成长

简要梳理阿里巴巴的发展历程可以看出，阿里巴巴从一个小小的 B2B（企业对企业）平台，到如今的全球知名数字经济科技企业，通过商业模式创新，实现企业成长，又通过科技创新实现企业强大。

1999 年，阿里"十八罗汉"在杭州的一个居民小区——湖畔花园里创立了阿里巴巴。2003 年 5 月，淘宝网"悄悄"上线。2008 年，阿里巴巴开始多元化发展，推出了淘宝商城（后来更名为"天猫"），进军 B2C（企业对消费者）市场。2009 年 11 月 11 日，阿里巴巴首次举办"双十一"活动，该活动最初由淘宝商城发起，目前已经成为天猫大规模促销活动，并且逐渐成为消费的节日。2013年，支付宝从阿里巴巴集团独立，成立了蚂蚁金服。2017年，阿里巴巴宣布成立达摩院，致力于前沿科技的研发。同年，阿里云发布了多项新技术，如城市大脑、ET工业大脑等，展示了其在AI和大数据方面的实力。

从在电子商务领域实现崛起，到云计算技术的突破；从移动支付的创新探索，到AI领域的积极布局，阿里巴巴持续加强企业的生态和业务建设，并以此在杭州各个区形成了自己的业务布局（见表8-2）。

表8-2 阿里巴巴在杭州的园区和企业布局

辖区	企业布局	总建筑面积
余杭区	阿里巴巴集团全球总部	98万平方米
	阿里西溪园区	一到四期合计103.3万平方米，其中，一期建筑面积30.1万平方米，二期建筑面积14.9万平方米，三期建筑面积15.3万平方米，四期建筑面积43万平方米
	菜鸟总部园区	29.6万平方米
	阿里巴巴达摩院南湖园区	48.3万平方米
	阿里巴巴高桥云港园区	约17万平方米
	阿里巴巴西溪园区	约29万平方米
	阿里巴巴云计算数据中心仁和园区	约9.4万平方米
西湖区	阿里巴巴云谷园区	5万平方米
	菜鸟西溪云谷产业园	13万平方米
	阿里云飞天园区	3.1万平方米

续表

辖区	企业布局	总建筑面积
滨江区	滨江·阿里中心	25 万平方米
	阿里巴巴滨江园区	13.6 万平方米
西湖区 （阿里巴巴早期公司）	蚂蚁 A 空间	31.5 万平方米
	蚂蚁 Z 空间	8.5 万平方米

资料来源：根据网络公开资料整理而成。

（二）大企业供应商生态

杭州电商支撑和衍生服务业种类多样，物流、支付、代运营、营销等基础性服务集聚且规模庞大，同时供应链、软件、研发、生产性服务等知识密集型的服务类型布局广泛。在物流服务方面，目前杭州有物流运输相关企业 3 万余家，涵盖公铁物流、仓储、运输代理、多式联运、邮政快递等类型。在支付服务方面，杭州是全国移动支付之城，是最早在全生活消费场景中普及移动支付的城市之一。目前，杭州有支付类服务企业 600 余家，知名企业有蚂蚁集团、连连支付、快捷通、网易宝等，在生活服务、互联网医疗等场景中发挥重要作用。在运营服务方面，杭州共有电商运营服务企业 130 余家，并且不断从低附加值的"服务外包方"转型为高附加值的"品牌服务商"，并涌现出碧橙、悠可等头部电商代运营企业。在营销服务领域，杭州已拥有相关企业 2000 余家，包括遥望、融趣传媒等头部电商全渠道营销服务企业。[1]

---

[1]《新电商之都发展报告》编写组. 新电商之都发展报告 [M]. 北京：中国商务出版社，2023.

2023年的数据显示，杭州有电商平台128个，平台网店超过1250万家。① 根据杭州市市场监督管理局于2024年11月28日发布的《杭州平台经济20年发展报告》，截至2024年11月，杭州共有平台企业390家；杭州主要平台GMV（商品交易总额）从2003年的0.23亿元，增长到2023年的8.58万亿元，20年增长超37万倍。

（三）企业家提升了创新创业的氛围

2024年9月10日，正值阿里巴巴成立25周年，马云在阿里巴巴内网发帖表示"阿里巴巴之所以是阿里巴巴，是因为我们有理想主义精神，我们相信未来，我们相信市场，我们更加相信只有为社会创造真正价值的善良公司，才能坚持走完102年的路程。"2007年，王坚第一次见马云时说："如果阿里巴巴还不掌握技术，未来将不会有它的身影。"2008年马云把王坚从微软挖了过来，并答应了王坚的要求，每年向他研发的云计算项目投资10亿元，投资10年。王坚担任阿里巴巴的首席架构师，负责为阿里巴巴研发技术架构。但云计算的难度远远超出王坚的预想，最困难的是，部门做不出业绩，没什么进展，阿里云连续几年在集团的业绩考核中得分最低，部门的员工因此抬不起头来。在马云的授意下，整个公司使用"飞天"云计算，因为技术还不成熟，导致故障频出，不但导致其他部门的工作效率降低，还引得

---

① 林建安. 国家级电子商务示范企业发布，杭州占6席[OL].[2023-07-17].https://hznews.hangzhou.com.cn/jingji/content/2023-07/17/content_8580814_0.htm.

用户恶评。很多人因此质疑王坚主持的阿里云是纯"烧钱"的项目，没有什么前景，也许还会搞垮阿里巴巴，称王坚是个骗子。但马云和阿里巴巴选择了坚持。也正是这份坚持，让中国真正有了属于自己的云计算，IT架构不再依靠进口机器、进口系统。阿里巴巴的成功也激发了更多的创新创业者涌向杭州，一批又一批的年轻人前赴后继地来杭州打拼创业。

（四）人才的培养和输出

2015年，时任杭州市市长张鸿铭对媒体表示，杭州创业新军中，从阿里巴巴出来创业的有2万多人，和阿里巴巴的在职员工数量差不多。阿里系创业者的能力强，有经历，有资本，方向也比较明确，成为打造阿里生态链的基础。2019年9月10日，马云在退休演讲中说道："30年以后，我们每年要向社会输出至少1000名有10年以上工作经验的阿里人，他们应该参与社会建设，到各个公司去。"

到2024年底，阿里巴巴有近20万名员工，每年不断有人从阿里巴巴离职创业。据"IT桔子"统计，截至2024年底，由阿里巴巴前员工创办的人工智能企业有85家，其中45%在浙江注册。深度求索核心骨干罗福莉等人就出自阿里巴巴。被誉为"杭州第七条龙"的智能AR（增强现实）眼镜企业灵伴科技就是一家典型的阿里系企业，2010年灵伴科技创始人祝铭明的创业企业猛犸被阿里巴巴全资收购，他也成为阿里M工作室领头人，负责深度学习、视觉和自然语言处理的研发。此外，涂鸦智能、有鹿机器人的创始人都曾是阿里巴巴的员工。根据《2025阿里校友创业榜》，在537家上榜创业企业中，有127家专注于企业服务领域，117家投身AI领域。这些企业的"在杭率"超过48%。可以说，在杭州的科技创新领域，阿里巴巴不亚于一座创新灯塔。

三、创新设施支撑：算力算法支撑

（一）面向下一代基础设施加强设施赋能

2025年2月24日，阿里巴巴集团CEO吴泳铭宣布，未来3年，阿里巴巴将投入超过3800亿元，用于建设云和AI硬件基础设施，总额超过去10年的总和（约3000亿元），将加速云和AI硬件基础设施建设，助推全行业生态发展。在阿里巴巴宣布重大投资后，杭州市加紧推进中小企业与大企业的合作。根据杭州市经济和信息化局《关于开展阿里巴巴集团云和AI投资计划本地配套供应商摸排的通知》要求，余杭区等区已开始摸排意向参与阿里巴巴集团云和AI重大投资计划的本地配套供应商及核心产品。

（二）建设产业协同创新基地

杭州的很多产业小镇都是依托大企业产业生态搭建的创新基地。例如，云栖小镇孕育了全国四大人工智能平台之一的"城市大脑"。云栖小镇打造了20万平方米的产业空间，已成功吸引包括阿里云、富士康科技、华通云、威锋云、中航工业、洛可可设计集团等在内的众多知名企业，还先后引育智元研究院、西湖实验室等7家省级新型研发机构，数量占杭州市的1/5，另有国家高新技术企业、科技型中小企业近300家。2023年，云栖小镇注册企业为3643家，产值达683.32亿元。[①] 云栖小镇还设立了全球未来智造创新基地，通过整合世界一流的设计、研发、制造、检测、电商及融资等基础服务，围绕不同类型企业的专业化、个性化发展需求，构建了全新的服务模式和体系，有力地推动了中小企业的发展壮大。

（三）联合开展科技研究

阿里巴巴与浙江大学联合成立了阿里巴巴–浙江大学前沿技术联合研究中心。阿里巴巴为中心提供资金、数据、计算能力等必要的研究资源，浙江大学投入研究人员、设备、实验环境等资源，采取联合实验室、项目合作和访问学者等多种科研合作模式。阿里巴巴–浙江大学前沿技术联合研究中心现已成立计算机视觉与视频分析、网络空间安全、下一代数据库技术、互联网数据挖掘、智能设计美学与体验、物联网、知识引擎、智能计算系统、认知智能9个联合实验室，并开展了知识图谱、数据可视化、三维建模、电商平台、智能运维、系统软件等领域的180多个科研项目，百名学者投入该中心的研发工作。

[①] 项捷，谢雯艳，冯渲茗.云栖小镇：迈向云计算的第三次浪潮[N].杭州日报，2024–09–20.

四、企业创投的赋能

当技术迭代与产业变革的浪潮持续碰撞，CVC（公司风险投资）已成为重塑全球商业生态的核心力量。随着大企业的成长和企业资本积累，更多 CVC 从单纯的财务投资发展为产业生态战略布局。近年来，CVC 在我国股权投资市场中的角色越发凸显。其不仅为被投企业注入资金，更在推动产业升级、促进生态构建方面发挥着不容小觑的作用。

根据创业邦旗下睿兽分析发布的《2024 中国企业创投（CVC）发展报告》，2024 年 CVC 参与投资事件 1027 起，其中 71.6% 聚焦早期项目；AI 领域 7 个超亿美元大额融资均出现了 CVC 的身影，同年新增独角兽企业中有 55% 获得 CVC 的支持。

当下，CVC 与被投企业之间的关系也已远超传统的投资与被投资框架，演变成一种深度的融合共生状态。科技企业通过战略投资构建"技术护城河"，以资本杠杆强化产业链控制力。越来越多的科技企业设立创投部门，并将 CVC 视为标配。从企业角度看，科技企业通过创投实现企业自身的创新"延链"，构建自身的创新生态。其实不仅仅是科技大企业，很多创业型企业也在通过融资对相关企业进行投资。

作为头部企业，阿里巴巴毫无疑问成为杭州乃至中国投资领域的一家重要企业。以阿里巴巴战略投资部为例，其布局覆盖物流、云计算、新零售等多个领域，投资了菜鸟网络、饿了么等关键项目。通过连接上下游企业，阿里巴巴构建了一个横跨电商、支付、物流和云计算的庞大生态系统，形成了强大的战略协同效应，为被投企业提供了丰富的应用场景和资源支持。与此同时，蚂蚁集团与杭州市高科技投资有限公司等合作的生态基金，不仅为支付宝小程序生态的早期项目注入资金，还通过BASIC[①]等技术能力赋能生态企业，助力它们在创新浪潮中快速成长。

---

① 具体是指区块链(blockchain)、人工智能（artificial intelligence）、安全（security）、物联网（IoT）和云计算（cloud computing）。

第三部分
创新中国

第九章

因为中国：
国运之运

科技创新是一个国家的命运所在。国运不仅关乎国家的兴衰，也关乎每一个国民的命运，是每一个时代的创造者共同作用的结果。杭州作为中国科技创新城市的杰出代表之一，也受益于中国创新链。自党的十八大以来，我国一直高度重视科技创新建设，久久为功，取得了伟大的成绩，"杭州六小龙"的崛起也昭示着中国进入了科技创新时代。

一、大国创新的国运之城

从历史上看，一个国家屹立于世界民族之林的关键力量在于科技创新。科技创新是推动国家进步的核心动力，能够增强一个国家的竞争力和提升其在国际上的地位。一个城市的科技创新能力，依靠的是整个国家的科技创新发展。自工业革命以来，因产而城，以城促产，成为大国经济和创新的基本逻辑。一个国家经济和产业的发展命脉，蕴含在城市的创新血脉当中。

（一）工业革命时期的曼彻斯特

英国确立君主立宪制后，开始大力发展工商业，进一步完善促进经济增长的产权制度，鼓励创新和技术发明，促进了工业革命的发展。曼彻斯特是工业革命的发源地，在第一次工业革命中扮演了关键角色。曼彻斯特地处英国西北部，位于英格兰西北部都市群的中心地带，是世界上第一座工业化城市。曼彻斯特可谓因工业革命而发展起来的城市，18世纪末瓦特对蒸汽机的改良，极大地推动了曼彻斯特的蓬勃发展。英国政府在经济政策上鼓励工商业的发展，同时，英国通过殖民地增加原材料供应，利用纺织业制造的规模优势，向欧洲大陆销售纺织品，增强了其在国际市场上的竞争力。

随着纺织技术的发展，到19世纪，英国煤、铁、棉花的消耗量各占世界总产值的一半以上，曼彻斯特棉纺交易量达到世界交易量的80%，成为真正意义上的世界工厂，每年因百万吨计煤炭消耗而产生大量烟雾似乎成为"新工业主义的象征"。随着纺织工业向世界输出，曼彻斯特一度成为英国的城市骄子。

从英国的发展历史看，英国的工业革命极大地促进了曼彻斯特的发展，城市作为国家的工业抓手，见证了英国工业的发展历史。直到今天，曼彻斯特在英国制造业仍起着关键作用，依然拥有重型机器、织布、炼油、玻璃、塑料和食品加工等企业，是英国的电子、化工和印刷等制造中心。当前，曼彻斯特正由传统工业城市转型为全球领先的科技创新城市,积极打造"创意产业之都""金融科技之都",大力发展与文化产业密切结合的数字化媒体技术,拥有英国发展最快的金融科技生态,制造业在曼彻斯特经济总产值中所占的比重从 20 世纪中期的 70% 下降到当前的 10% 左右。

(二)在多次科技变革中,美国创新城市持续涌现

在汽车时代,因拥有得天独厚的地理位置和丰富的自然资源,底特律实现了崛起。底特律在工业化时代的繁荣与美国的工业发展紧密相关,其因汽车工业的蓬勃发展而闻名,被誉为"汽车之城"。汽车彻底改变了底特律的城市命运。随着亨利·福特于 1896 年在底特律成功制造自己的第一辆汽车,以及 1908 年 T 型车正式下线,底特律也由此正式进入汽车时代。1920 年前后,底特律的工业发展达到顶峰,成为仅次于纽约、芝加哥、费城的美国第四大城市。20 世纪 60 年代前后,底特律进入发展鼎盛时期,成为全球汽车制造中心。

作为建城短短 100 多年的城市,西雅图从美国的淘金胜地到现在的航空城市和"第二硅谷",其发展同样得益于美国的科技创新和技术发展。西雅图最初是一个以木材加工为主的海港城市,因 19 世纪末的淘金热而成为美国西海岸商业重镇、全球贸易港。

波音抓住了两次世界大战和美国邮政开展航空邮件服务的机会实现了飞跃发展,也改变了世界航空业。西雅图因波音的崛起,成为美国航空航天业的领导者。西雅图地区的波音公司员工人

数约占波音公司员工总数的一半，埃弗雷特工厂周边聚集了1000多家波音的配套供应商，包括航空配件供应商、检修服务商等。

目前，波音公司在西雅图拥有埃弗里特工厂和伦顿工厂两大生产基地。其中，埃弗里特是波音飞机公司全球最大的工厂所在地，最多时可以同时容纳两条波音747、两条波音777及一条波音787生产线；伦顿工厂相对较小，每月最多生产波音737系42架。此外，在西雅图还有波音飞机两大交付中心、飞行安全及取证部门、波音公共服务集团、波音联接公司、波音资产公司、波音商用飞机总部及研发部门等。

值得指出的是，波音和西雅图的崛起离不开美国长期对航空产业的扶持。波音起家于军工领域，长期以来承包美国政府的大量订单。据波音公司2023年度财报，其来自政府合同的收入占营业收入的37%，达到287亿美元。第一次世界大战期间，1917年波音拿到第一份军方订单——为海军生产50架C型训练机。第二次世界大战期间，波音成为美国核心武器供应商。第二次世界大战结束后，波音转向民用市场，美国政府通过美国联邦航空管理局认证体系，迫使他国飞机适配波音技术标准，形成市场准入的行业技术壁垒，使波音在20世纪末一度占据全球民航市场80%的份额。在空中客车崛起的时期，美国采取各种贸易保护主义政策，欧美之间为此开展了20多年的关税战。

20世纪后期，西雅图再次转向科技产业，到20世纪80年代，又一次发展成为科技中心。当前，西雅图不但是美国的航空工业中心，同时还是美国著名的高科技中心。1975年，比尔·盖茨从美国哈佛大学退学和保罗·艾伦创立微软公司。1995年，亚马逊从纽约搬到西雅图，目前亚马逊总部是亚马逊全世界最大的办公空间。此外，领英、谷歌等在西雅图开设相关总部，使西雅图成为美国重要的科技和产业创新中心。美国主要的科技之城及其产业特征，如表9-1所示。

表9-1 美国主要的科技之城及其产业特征

城市	产业特征
费城	位于特拉华河畔，是美国的重要工业中心，以造船、石油加工、钢铁、纺织、电机、机车车辆和化工等工业著称，被称为"美国的鲁尔区"
底特律	曾经是世界汽车中心，拥有辉煌的工业历史
西雅图	位于太平洋沿岸，以飞机制造和电子工业著称，是微软、亚马逊等科技巨头的总部所在地
旧金山	以电子和航空航天工业为主，是硅谷的中心，吸引了大量的高科技企业
洛杉矶	位于西部工业区，以宇航、电子和飞机制造为主，同时也有汽车和船只制造工业
纽约	作为美国的金融中心，纽约的工业以钢铁、机械和化工等传统工业为主，同时也有电子和航空航天等新兴工业
芝加哥	以钢铁和机械制造闻名，是重要的铁路和公路交通枢纽
休斯敦	以石油和天然气资源为基础，发展了石油化工和飞机制造等工业
达拉斯	以石油和天然气开采为主，同时也有电子和宇航工业
亚特兰大	以飞机制造和电子工业著称

（三）进入信息时代，美国硅谷崛起

硅谷是半导体、AI 等全球科技创新中心，集聚着 AMD（超威半导体）、英特尔、国家半导体等一大批半导体企业。互联网时代，谷歌、脸书、苹果、雅虎、思科、高通、英伟达等在硅谷涌现，又一次促使其崛起。

二、中国经济的创新时代

从经济总量看，按照国家统计局统计公报数据，2024 年我国 GDP 已经实现 134.9 万亿元，经济总量首次站上 130 万亿元新台阶。2024 年末，全国人口 14.08 亿，人均 GDP 约为 9.85 万元，折合 1.35 万美元，已经超过全球平均水平。中国正在跨越"中等收入陷阱"，加速向创新型国家转型。

（一）党的十八大以来，国家高度重视科技创新

2013 年 12 月 10 日，中央经济工作会议首次提出"新常态"[①]："要求大力调整产业结构，大力发展战略性新兴产业，加快传统产业优化升级。"[②] 2014 年 12 月，中央经济工作会议再次对"新常态"的九大趋势性变化进行阐述，并指出："'新常态'的九大趋势性变化说明，我国经济正在向形态更高级、分工更复

[①] 张占斌. 中国经济新常态的提出及背景 [OL].[2016-01-09].https://finance.cnr.cn/gundong/20160109/t20160109_521087103.shtml.
[②] 中央经济工作会议举行 习近平、李克强作重要讲话 [OL].[2013-12-13]. https://www.gov.cn/ldhd/2013-12/13/content_2547546.htm.

杂、结构更合理的阶段演化。经济发展进入新常态，正从高速增长转向中高速增长，经济发展方式正从规模速度型粗放增长转向质量效率型集约增长，经济结构正从增量扩能为主转向调整存量、做优增量并存深度调整，经济发展动力正从传统增长点转向新的增长点。"①

2015年10月，习近平总书记在关于《中共中央关于制定国民经济和社会发展第十三个五年规划的建议》中提出："要坚持创新、协调、绿色、开放、共享的发展理念。"②其中，创新发展注重的是解决发展动力问题。党的十九大报告提出："加快建设创新型国家。创新是引领发展的第一动力，是建设现代化经济体系的战略支撑。要瞄准世界科技前沿，强化基础研究，实现前瞻性基础研究、引领性原创成果重大突破。加强应用基础研究，拓展实施国家重大科技项目，突出关键共性技术、前沿引领技术、现代工程技术、颠覆性技术创新，为建设科技强国、质量强国、航天强国、网络强国、交通强国、数字中国、智慧社会提供有力支撑。加强国家创新体系建设，强化战略科技力量。深化科技体制改革，建立以企业为主体、市场为导向、产学研深度融合的技术创新体系，加强对中小企业创新的支持，促进科技成果转化。倡导创新文化，强化知识产权创造、保护、运用。培养造就一大批具有国际水平的战略科技人才、科技领军人才、青年科技人才

---

① 徐曼曼. 中央经济工作会议阐释"新常态"九大趋势性变化[OL].[2024-12-12].www.rmlt.com.cn/2014/1212/358190.shtml.
② 习近平. 在党的十八届五中全会第二次全体会议上的讲话（节选）[J]. 求是，2016（1）.

和高水平创新团队。"[1]党的二十大报告进一步提出："坚持创新在我国现代化建设全局中的核心地位，完善党中央对科技工作统一领导的体制，健全新型举国体制，强化国家战略科技力量，优化配置创新资源，优化国家科研机构、高水平研究型大学、科技领军企业定位和布局，形成国家实验室体系，统筹推进国际科技创新中心、区域科技创新中心建设，加强科技基础能力建设，强化科技战略咨询，提升国家创新体系整体效能。深化科技体制改革，深化科技评价改革，加大多元化科技投入，加强知识产权法治保障，形成支持全面创新的基础制度。培育创新文化，弘扬科学家精神，涵养优良学风，营造创新氛围。扩大国际科技交流合作，加强国际化科研环境建设，形成具有全球竞争力的开放创新生态。"[2]

2024年全球创新指数[3]排名显示，全球最具创新力的经济体依次为瑞士、瑞典、美国、新加坡和英国。其中，我国在2024年全球创新指数中排名第十一，是前30名中唯一的中等收入经济体，而在2012年我国在全球创新指数中的排名仅为第三十四，所以我国也是10年来创新力上升最快的经济体之一。中国在创新产出方面的表现优于创新投入，其中知识与技术产出排名全球

---

[1] 习近平. 决胜全面建成小康社会 夺取新时代中国特色社会主义伟大胜利——在中国共产党第十九次全国代表大会上的报告[N]. 人民日报, 2017-10-27.
[2] 习近平. 高举中国特色社会主义伟大旗帜 为全面建设社会主义现代化国家而团结奋斗——在中国共产党第二十次全国代表大会上的报告[N]. 人民日报, 2022-10-25.
[3] 全球创新指数是世界知识产权组织、康奈尔大学、欧洲工商管理学院于2007年共同创立的年度排名，用于衡量全球120多个经济体在创新能力方面的表现，是全球政策制定者、企业管理执行者等人士的主要基准工具。

第三，基础设施排名第五，商业成熟度排名第十一。在将创新投入向有形创新产出转化的效率方面，中国的创新产出水平已高于新加坡、芬兰、荷兰、丹麦、法国等高收入经济体。

中国科学技术发展战略研究院发布的《国家创新指数报告2024》显示，全球创新格局保持亚、美、欧三足鼎立态势，领先国家科技创新优势突出；中国创新能力综合排名第十，创新资源投入持续增加，知识产出表现突出，企业创新能力不断提升，创新环境逐步改善，有力支撑和引领国家高质量发展；相比2012年的第二十位提升了10个位次，是近10余年来进步最快的国家，也是唯一进入世界前10行列的中等收入国家。英国《经济学人》杂志网站刊文表示，中国作为世界研发实验室的作用日益增强，很多跨国企业在中国的研发中心已成为创新摇篮，其创新成果正被广泛应用于全球各地。①

（二）大国创新的积累，造就了时代的城市

杭州的出圈，是中国城市创新的一个见证。全球科技创新向亚太地区转移的同时，我国科技创新也呈现极化现象。一方面，科技创新向大都市圈转移，京津冀、长三角、粤港澳大湾区、成渝都市圈成为重要的科技承载区域；另一方面，在城市群，科技创新城市又成了城市群的创新极核，带动区域创新的发展。

当前，我国城市化已经达到深化阶段，大城市已经成为支

---

① 杨俊峰.2024，中国向"新"而行[OL].[2025-01-02].http://www.chinatoday.com.cn/zw2018/ss/202501/t20250102_800388727.html.

撑我国经济增长和科技创新的关键载体。根据国家统计局数据，从城乡构成看，2024年末我国城镇常住人口94 350万，比2023年末增加1083万，城镇人口占全国人口的比重（城镇化率）为67%，比2023年末提高0.84个百分点。从常住人口规模看，2024年我国城市常住人口超过1000万的城市有10个，其中杭州人口首次超1000万（见表9-2）。

表9-2 2024年我国超特大城市

常住人口规模	城市
2000万及以上	北京、上海、重庆
1000万及以上	深圳、广州、成都、天津、武汉、东莞、杭州

城市犹如一个巨大的能量场，集聚着人才、资金、技术和数据等；与此同时，城市又是一个庞大的反应釜，促进这些要素进行各种化学反应。每个科技创新高地的崛起，本质上都是人才、资金、技术、数据等高质量要素在城市中发生化学反应的结果，人才密度、资金密度，以及创新资源的密度等决定了创新的高度。2024年6月24日，习近平总书记在全国科技大会、国家科学技术奖励大会、两院院士大会上强调："扎实推动科技创新和产业创新深度融合，助力发展新质生产力。"[①] 这就要求在更高层次、更高水平上建设科技创新城市，推动城市向科技型、创新型城市发展。

---

① 习近平.朝着建成科技强国的宏伟目标奋勇前进[J].求是，2025（7）.

（三）创新型城市对于实现高水平自立自强和建设科技强国起着战略支点作用

自 2006 年《国家中长期科学和技术发展规划纲要（2006—2020 年）》正式出台，到 2008 年科技部、国家发展改革委启动创新型城市试点工作，深圳作为首批试点城市入选，再到 2009 年杭州、广州等 14 个城市入选第二批试点，目前我国试点城市已经达到 78 个。这些城市通过各自的创新实践，为我国的科技创新、经济和产业高质量发展等发挥了重要作用。

根据科技部、中国科学技术信息研究所发布的《国家创新型城市创新能力评价报告 2024》，杭州创新能力指数排名第四，仅次于北京、上海、深圳，较 2023 年排名提升 1 位。杭州在创新生态、科技领军企业培育、国际技术输出、上市企业培育、专利产出等方面优势突出，为城市的持续创新奠定了坚实的基础。

在创新型城市建设基础上，为加强国家科技创新能力建设，我国自 2016 年开始建设综合性国家科学中心，在创新型城市建设的基础上，搭建更高能级科创平台，提升原始创新能力。2016—2022 年，上海张江、合肥、北京怀柔、粤港澳大湾区、西安五大综合性国家科学中心相继获批建设，成为承载国家使命的全国科技创新策源地和代表国家水平参与全球科技竞争、合作的重要力量（见表 9-3）。综合性国家科学中心是国家科技领域竞争的重要平台，是国家创新体系建设的基础平台。建设综合性国家科学中心，有助于汇聚世界一流科学家，突破一批重大科学难题和前沿科技瓶颈，显著提升中国基础研究水平，强化原始创新能力。

表 9-3　我国五大综合性国家科学中心

五大综合性国家科学中心	建立时间	设立宗旨
上海张江综合性国家科学中心	2016年	将重点开展四个方面的工作：建立世界一流重大科技基础设施集群；推动设施建设与交叉前沿研究深度融合；构建跨学科、跨领域的协同创新网络；探索实施重大科技设施组织管理新体制
北京怀柔综合性国家科学中心	2017年	聚集一批大科学装置，建设国家重大科技基础设施和前沿科技交叉研究平台，吸引聚集全球高端科学家；世界级原始创新承载区，建设战略性、前瞻性基础研究新高地、综合性国家科学中心集中承载地、生态宜居创新示范区
合肥综合性国家科学中心	2017年	主要依托中国科学院合肥物质科学研究院和中国科学技术大学等先进的国家重大科技基础设施群建设，支持多学科、多领域、多主体、交叉型、前沿性研究，代表世界先进水平的基础科学研究和重大技术研发的大型开放式研究基地
粤港澳大湾区综合性国家科学中心	2020年	国家"十四五"规划纲要：高质量建设粤港澳大湾区，布局建设综合性国家科学中心和区域性创新高地。2023年，深圳光明科学城、东莞散裂中子源、广州南沙科学城等提出作为其重要组成部分
西安综合性国家科学中心	2022年	建好西安综合性国家科学中心和科技创新中心，努力打造国家重要科研和文教中心、高新技术产业和制造业基地

资料来源：根据公开资料整理而成。

三、杭州科创中的"中国"创新链

从"杭州六小龙"的崛起，看国家创新链对城市创新的支撑作用，杭州的成功不仅仅是杭州的成功，也是中国创新集中爆发的结果。"杭州六小龙"的崛起，不管是机器人的零部件，还是人才及资本等，很多都来自杭州之外。"杭州六小龙"在杭州爆发有其偶然性，但在中国涌现更有其必然性。创新的时代和创新的中国，造就了今天的"杭州六小龙"，更造就了今天的杭州。

（一）中国的创新种苗

在"杭州六小龙"企业中，既有一开始就在杭州创新创业的企业，也有一部分来自国内其他城市，甚至来自世界各地的企业。宇树科技创始人王兴兴于2015年在读研二时带着他的XDog参加国际智能"星创师"大赛，2016年6月毕业后入职大疆，同年在杭州创立了宇树科技。强脑科技的初创团队于2018年从美国波士顿的一间地下室被招引到杭州。游戏科学于2014年6月在深圳创办，于2018年落地杭州。这种来自全球各个地方的创新种苗，在杭州实现了生根发芽和茁壮成长。

（二）产业链端的创新协同

宇树科技在产品研发过程中，充分利用国内优秀的产业链、供应链，实现企业的产品创新，如宁波中大力德的减速器产品、上海鸣志电器的关键零部件、深圳汇川技术的电机、奥比中光的视觉识别技术、合肥科大讯飞的"讯飞机器人超脑平台"等。《黑神话：悟空》上游硬件支持者包括海信视像、联想等，技术支持者主要包括汉仪股份、丝路视觉、利亚德等。这些企业只是我国企业创新的冰山一角。

以机器人产业为例，我国已形成上游零部件、中游本体制造、下游集成应用相对完整的产业链供应链体系。根据国家市场监督管理总局数据，截至 2024 年 12 月底，全国共有 45.17 万家智能机器人产业企业，注册资本共计 64 445.57 亿元。国家统计局数据显示，2024 年我国工业机器人累计产量达到 55.6 万套，同比增长 14.2%。今日中国的创新，是企业群体参与、产业链与供应链协同创新的过程，展现了中国企业创新创造的独立性。中国企业的创新逐步改变了过去主要依靠国际供应链和跨国公司提供关键零配件的模式。

（三）人才的培育与供给

"杭州六小龙"的创始人，不少都是我国本土高校培养的人才，如上海大学的王兴兴、浙江大学的梁文锋、华中科技大学的冯骥等。"杭州六小龙"的崛起，再一次验证了我国在科技人才培养上的成功。在高校之外，我们还要看到，这些人才很多都在科技企业工作、实践，由此逐步走向创新创业，如游戏科学的冯骥长期在腾讯游戏部门从事开发业务，王兴兴在大疆有过短暂的工作经历。我们也看到，在中国科技创新企业中，不断出现各种如"浙大系""清华系""交大系"等创新创业的毕业生群体，也有"华为系""阿里系""腾讯系"等科技大厂的创业团队。

从杭州的科技创新链看，我国科技创新进入了跨区域协同创新的发展阶段，一个城市的创新需要全国的创新链、人才链、产业链及供应链做战略协同。同时，中国需要更多的科技创新城市崛起，以实现创新中国的更大效能。

第十章

杭州经验的借鉴：
不仅是杭州

如果"杭州六小龙"是中国科技创新企业的偶然，那么杭州的崛起就是中国科技创新的必然。"杭州六小龙"让杭州画像中除了"西子"，又多了一张"干在实处、走在前列、勇立潮头"的"科技弄潮儿"名片。杭州今日的成功是其对创新工作长期坚持的结果，也是中国科技小企业与城市发展的双向奔赴。正所谓"一木不成林，一花不成春"，中国的科技创新需要更多的"杭州"，杭州的经验值得我国其他城市借鉴，但借鉴杭州的经验也不是一味地简单复制，而是需要结合各自的优势和资源禀赋再创新、再发展。

一、"一张蓝图绘到底"

杭州的成功，在于在浙江省"八八战略"大蓝图下擘画"数字经济第一城"。杭州是最早拥抱数字经济的城市之一，也是发展数字贸易的先行者。多年来，杭州一直在数字经济这条赛道上加速前行，数字经济已成为聚力推动杭州高质量发展的核心引擎。

"要坚持一张蓝图绘到底，一茬接着一茬干"，这既是号召，也是理念。20多年来，不管形势怎么变、任务怎么变，杭州始终忠实地践行"八八战略"，坚定不移地沿着习近平总书记指引的方向奋勇前进。

2002年，浙江省做出了建设"数字浙江"的重大决策。2003年，浙江省政府出台《数字浙江建设规划纲要（2003—2007年）》，该纲要明确提出要以信息化带动工业化，以工业化促进信息化，为浙江数字经济发展提供了系统性指导。正是在这一年，杭州确立了"硅谷天堂、高科技的天堂"的发展目标。

2014年，杭州推出信息经济"一号工程"。2015年，杭州颁布国内首部促进信息经济和智慧应用的地方性法规——《杭州市智慧经济促进条例》。2018年，杭州出台《杭州市全面推进"三化融合"打造全国数字经济第一城行动计划（2018—2022年）》，提出实施领军企业"鲲鹏计划"，加大对国内外数字经济龙头企业的招引力度，全力扶持企业做大、做优、做强。同年，杭州正式开启"打造全国数字经济第一城"计划，并将此作为"一号工程"的深化和延续，将城市数字经济分为十二大产业，同时提炼出六大产业中心，即电子商务、云计算和大数据、物联网、互联网金融、智慧金融及数字内容，明确了产业招引发力方向。

2019年，杭州正式推出"新制造业计划"，提出到2025年，实现规模以上工业企业、十百千亿企业、国家级高新技术企业数量和工业投资、工业技改总量、新引进项目投资额"六个倍增"，实现整体经济发展中数字经济和制造业"双引擎"驱动，打造具有世界影响力的制造业强市，通过数字经济和制造业"双核驱动"助力杭州经济高质量发展。

2020年全面实施"六新"（即推进新基建、培育新消费、深耕新制造、做强新电商、发展新健康、实现新治理）发展行动以来，杭州加快推动以数字基建为核心的"新基建"布局建设，5G、数据中心、区块链等"新基建"加速推进，新技术加速向制造业渗透应用，无人驾驶、智慧车间、数字工厂等数字应用不断涌现，数字产业发展走深走宽，全面赋能新消费、新制造、新电商、新健康、新治理，奏响了抢滩"新基建"浪潮、迈向高质量发展的时代强音。在杭州，"一张蓝图绘到底"不是一句空洞的口号，而是体现在实实在在的行动上，重在实干，要如钉钉子般下功夫。

当然"一张蓝图绘到底"，不只是绘到今天，更应该绘到明天、后天，乃至更加长远的未来。一张蓝图要随着产业的蝶变而调整，要在国际国内产业动态调整中，求真务实地强化资源要素、体制机制、空间载体等供给，要做当前有成效、长远可持续的事，也要努力去做当前不见效却利在长远的事。

"再好的主意也经不起折腾。"在实践中，不少城市在产业规划、城市规划上，常常有意识或无意识地陷入两个典型的错误。

一是产业规划不停地变，政策一项接一项地出台。很多城市的产业规划常常被各种外部影响"牵着走"，各种规划、政策不断出台，城市陷入"追热点"的路径依赖，耐不住性子发展自己的产业。实施"互联网+"以来，各地"一哄而上"发展互联网产业，很多城市不考虑自身的资源禀赋，盲目做规划，资源型城市规划"互联网+"，化工城市也布局"互联网+"。新能源产业大热以来，众多城市又开始"一窝蜂"地布局新能源新材料。此后，AI、低空经济等新兴产业不断涌现，一些城市也是"一个规划接着一个规划"，市场无所适从，导致各类产业政策空转。

二是城市发展重心"东西南北中"不断变化。很多城市在城市空间布局和产业空间布局上不断变化，城市发展方向有时会随着领导任期的变化而不断调整，导致财政投入相对分散。此外，很多城市在规划过程中追求各个方向上的平衡，提出类似"东进、西拓、北联、中优、南延"等各类空间战略，看似协调发展，实则导致资源分散和浪费，公共服务业无法形成集聚效应，产业布局也十分分散。

二、持续完善的体制机制

（一）加强统筹，强力推进

在2014年浙江省数字经济"一号工程"的基础上，杭州推出《关于加快发展信息经济的若干意见》，实施数字经济发展"一号工程"。在这一决策部署后，杭州加快经济领域的数字化改革，调整数字经济发展市级统筹机制，并持续优化调整主管部门架构。杭州市委、市政府建立市级议事协调机构——杭州市信息经济发展工作领导小组,由市委书记和市长担任双组长。领导小组办公室设在市经济和信息化委员会(现杭州市经济和信息化局),要求各级党政"一把手"扛起主抓直管"一号工程"的责任,带头研究谋划数字经济发展规划和专项政策,带头招引数字经济重大项目和高层次人才。

(二)"双倍增目标"绩效考核部门和区县

浙江每年都对"八八战略"实施情况开展年度评估,把评估与督导、考核结合起来,构建了可量化的"八八战略"抓落实长效机制,推动"八八战略"一贯到底、步步为营、年年有成。2018年,浙江省人民政府办公厅发布《浙江省数字经济五年倍增计划》,2022年又发布《关于打造数字经济"一号工程"升级版的实施意见》,提出到2027年,数字经济增加值和核心产业增加值实现新一轮"双倍增"。同时,将数字经济发展情况纳入政府目标责任制考核和市县党政主要领导目标责任制考核中,对倍增目标实施年度分解,对年度重点工作进行专项考核,组织数字经济系统建设开展"互学互比"活动,鼓励基层探索创新,加强试点建设。2014—2018年,杭州数字经济核心产业年均增长约22%。

(三)持续调整数字经济政府组织架构,加强数据和资源的统筹

杭州市政府创新组建市数据资源管理局,统筹全市数据资源开发、数字基础设施建设和推进数据资源创新应用等,将大数据作为一种资源进行全市统一管理。此外,2015年以来,杭州

市经信部门对业务处室进行大幅调整，归并了原有的传统行业管理处，新设软件和信息服务业处、智能智造产业处、云计算与大数据产业处等相关处室。

目前，杭州市经济和信息化局共计有 6 个部门与数字经济直接紧密相关，分别是：牵头全市数字经济发展的数字经济处；承担全市数字经济发展工作领导小组办公室日常工作的产业数字化推进处；电子信息产业处（集成电路产业处）；软件和信息服务业处；数据算力与基础设施处；技术创新处（人工智能产业处）。各处室各司其职，实现了数字经济发展的关键领域协同发力（见表 10-1）。

表 10-1 杭州市经济和信息化局内设数字经济相关处室及职责

处室	处室职责
数字经济处	牵头推进全市数字经济发展，拟订并组织实施数字经济发展规划、政策和措施；组织研究并提出新兴产业发展方向及政策建议；指导督促重大数字经济项目的实施；组织推进全市信息化工作，协调推进社会信息化建设；承担全市数字经济发展工作领导小组办公室（市信息化工作领导小组办公室）的日常工作
产业数字化推进处	承担信息化和工业化融合推进工作；拟订并组织实施智能制造发展规划、政策和措施；组织推进工业互联网发展和产业数字化转型；推进工业信息工程服务业发展；指导推进重点工业领域工业控制系统信息安全保障工作
电子信息产业处（集成电路产业处）	拟订并组织实施电子信息、集成电路、物联网等产业发展规划、政策和技术规范；承担行业运行监测分析和产业信息发布工作；组织实施新型传感器、物联网技术和产品的推广应用示范；指导集成电路与半导体器件等重点产品的研发和产业化；推进重大产业平台和公共服务体系建设；组织实施重大工程项目配套电子产品国产化工作；承担行业管理工作

续表

处室	处室职责
软件和信息服务业处	拟订并组织实施软件和信息服务业发展规划、政策、技术规范和标准；承担行业运行监测分析和产业信息发布工作；协调推进国际级软件名城建设；推动软件公共服务体系和集聚区建设；组织推进软件技术、产品和系统研发与产业化；指导安全可靠信息系统集成能力建设；推动网络安全技术产业、数字内容等新业态发展
数据算力与基础设施处	拟订并组织实施全市数字基础设施发展规划，协调重大信息基础设施建设，推进信息基础设施演进升级；组织推进通信网、广播电视网和计算机网等"多网"融合发展；推进算力建设应用、数据赋能，承担产业数据价值化工作；联系省通信管理局和市无线电管理局，协调各类台站、管网等信息基础设施建设的选址和布局
技术创新处（人工智能产业处）	拟订并组织实施工业和信息化领域技术创新规划、政策和措施，推进产业创新体系和能力建设，培育和管理企业技术中心、制造业创新中心等创新载体；组织实施重大技术产业化应用，推动新产品、新技术开发及推广应用；拟订并组织实施人工智能产业发展规划、政策和措施培育人工智能产业；指导工业和信息化领域质量管理、品牌建设、知识产权和标准化等工作；承担工业和信息化领域军民融合有关工作

三、敢于"共担风险"的政策扶持：雪中送炭

创新创业从来都是一场冒险。对地方政府来说，扶持创新创业也是一场关于战略魄力的考验。据不完全统计，全球创业的成功概率在1%～10%，失败概率则高达90%以上。数据显示，中国个人创业的成功率在1%～5%。这意味着在大量的创业者中，只有极少数能够取得成功。此外，创业成功者中能够真正成长为行业头部、有健康盈利的创业者比例更低。

杭州对创新企业支持上敢于往前一步。杭州敢于在创业初期"雪中送炭"式无偿资助，如创业空间房租补贴、各类人才计划支持等。以游戏《黑神话：悟空》为例，杭州在《黑神话：悟空》还未获得游戏版号时，就为游戏科学提供了政策补贴。同时，杭州长期实施"新雏鹰"企业培育计划，鼓励未来产业硬科技创新。2024年，杭州市科学技术局印发《杭州市"新雏鹰"企业培育管理办法》，明确"新雏鹰"企业的产品（服务）所属产业领域必须属于通用人工智能、人形机器人等重点发展的未来产业领域，突出培育扶持一批新领域新赛道企业，整体培育产业领域硬科技属性突出。首次认定的"新雏鹰"企业将获得最高50万元的奖励，同时"新雏鹰"企业可被纳入企业研发投入补助政策覆盖范围，单个企业最高可获补助300万元。

相较而言，当前很多地方政府产业资金大多以事后奖励为主，以规避各类不必要的麻烦和风险。同时，很多地方政府倾向于把产业资金发放给大企业，因为大企业更安全，即使大企业创新项目失败，也更能够经得住审计。其实，回顾阿里巴巴的发展，杭州市政府的积极支持正是阿里巴巴选择杭州的重要原因。当年阿里巴巴在上海、北京都做过创业的探索，杭州市政府大力推广电子商务和互联网产业，为企业发展提供了一系列实惠政策，创建了良好的营商环境，才实现了城市与企业的相互成就。为此，杭州市政府积极优化产业资金使用审计机制，不断降低政策门槛，探索创新创业类项目通过行业专家评审或立项、获得国际国内风险投资资金的即可获得资金补贴，支持企业研发投入，为企业前期研发及时"解渴"。

四、更善于招才引智育商：和企业一起去创业

（一）招才引智不好大喜功，以创新创业人才为主

杭州实施了"西湖明珠工程"、外籍"高精尖缺"人才认定标准试点等工作，引育了大量具有战略科学家潜质的顶尖人才。杭州人才政策为企业吸引全球人才创造了优势条件，群核科技创始人黄晓煌表示，公司在2011年成立时获得了杭州"百人计划"的无偿资助，是其落户杭州的重要原因，其引进首席科学家周子寒也得到了政策的大力支持。

杭州还积极打造具有吸引力的"类硅谷"生活圈，不仅提供了丰富的科研资源和创新生态，还通过宜居的生活环境和完善的公共服务，为人才提供了舒适的生活条件。在云栖小镇，非正式的"西溪夜话""程序员茶座"成为技术交流的渠道。

更为重要的是，杭州在招才引智过程中更多以创业人才为主导，不以院士、各类学术会员、教授博导为指标，而是从行业发展需求的角度挖掘人才。从总体上看，杭州重点围绕"大厂离职+海外挖掘+青年创业"的重点人才团队进行跟踪。杭州对于大厂离职创业团队予以高度关注、持续追踪和温情呵护。杭州新崛起的科技企业中不乏阿里巴巴、腾讯、大疆等头部大厂离职创业群体，灵伴科技创始人祝铭明曾是阿里巴巴M工作室负责人，精准学创始人及CEO杨仁斌曾经是阿里巴巴最

年轻的技术总监。2019年，游戏科学属地西湖区艺创小镇提供了3600平方米的物业支持，创始人冯骥考虑到未来发展，提出再租赁两栋办公楼，但要"等项目扩大了再来拿"。小镇管委会便将办公楼保留空置3年，直到2024年履约，还给予一年免租优惠。

近年来，杭州人才净流入率持续保持全国前列，曾在不同城市求学的优质青年人才都愿意选择到杭州工作与生活，年青的一代逐步成长、崭露头角。相较于一线城市的快节奏、高生活成本，杭州少了"急功近利、快进快出、挣快钱"的浮躁心态，更利于需要长期投入、收益较慢的创业项目。有一则新闻很生动地展现了一些地方政府对创业和投资的态度。这则新闻是关于2019年7月的一张聊天截图，有人发出一份"宇树商业计划书"，询问"这类项目，您感兴趣吗？"，对方给出的回复是："这对我们而言有点太早期了。"这张聊天截图让创投圈集体反思"为何没有投中'杭州六小龙'"，也让我国其他城市的招商部门和科技部门集体反思："为什么我们没有'六小龙'？"值得高兴的是，在杭州之外，我们也看到很多更加积极的信号。2024年10月，深圳首提打造"大胆资本"，2025年沈阳市政府工作报告提出，大力发展"耐心资本""大胆资本"。

（二）敢于给民营企业项目订单，统筹场景育商

企业"出生"在哪儿并不重要，重要的是在哪儿长大。杭州在培育企业的过程中，既要参天大树，也要小树小草，主动帮助中小企业对接上下游。创新应用场景为科技创新成果提供了真实的"试验场"和"首发舞台",为高成长性企业、科创项目提供了更好的"硬科技"生长的土壤。以数字经济为例,杭州在发展智慧城市、智慧交通的过程中,主动把各类政府公共服务领域的项目交给企业运营和开发。阿里巴巴的"城市大脑"项目是一个综合运用物联网、云计算、AI 和大数据的城市管理系统,于 2016 年在杭州试点,并逐渐推向全国。2021 年,杭州城市大脑技术与服务有限公司成立,注册资本 1 亿元,由阿里巴巴(中国)网络技术有限公司占股 49%、杭州市国有资本投资运营有限公司和西湖电子集团有限公司合计占股 51%,共同持股,通过"管运分离"政企共创模式,聚焦浙江省数字化改革目标任务,强化小切口牵引大场景。

杭州通过挖掘城市场景给各类企业提供服务,加强业务合作、股权合作等培育企业。杭州为强脑科技提供了总部落户所需的研发和产业化空间,在研发、场景等科技成果转移转化全链条给予扶持,组建起良渚实验室等一批强大的科研支撑机构,帮助强脑科技实现技术的产业化。2016 年杭州举办 G20 峰会,组委会专门设立 9 号馆招待峰会期间来访的各国元首,向他们推介杭州科技企业。在培育科技企业过程中,需要常态化梳理场景清单,全程推进供需对接、场景打磨、项目服务,构建"科技攻关—场景验证—产业化应用"的良性循环,在高质量场景的牵引下,让更多的新技术、新产品从"实验室"迈向"生产线",让更多的优秀企业从"种子期"成长为"新标杆"。

五、"主动服务民营科技企业"的亲清政商关系

多年来,浙江在营商环境的"亲""清"底色愈加浓厚的基础上,围绕"亲而有度、清而有为"打好主动服务牌,让亲清政商关系更加普惠可感。杭州以独特的"耐心氛围"支持长期创新,特别是鼓励具有极高技术门槛和技术壁垒的硬科技创新,并通过丰厚的文化底蕴和宜人的自然环境给予科研人员长期滋养,孕育出一系列既有奇思妙想又有硬核科技属性的创新成果。

这些年,杭州秉持"我负责阳光雨露,你负责茁壮成长"的理念,做好"店小二式""保姆式"服务,全力营造最优的人才生态,努力使杭州成为广大青年心生向往、人生出彩、情感归宿的梦想之地。

随着城市治理能力的升级,政府服务效率的提升更让企业轻装上阵。有杭州企业家感慨道:"公司注册全程手机操作,一周内完成所有手续。政府'无事不扰'的风格,让我们能把精力集中在技术攻坚上。"在杭州,有的科创企业 300 万元扶持资金 8 分钟到账,有些人才在去办相关证件的过程中,服务人员顺便帮助其把小孩上学的问题都给解决了。相关部门还会根据人工智能企业用人的实际需求,精准引进软件、机械等配套领域的人才。这样做,就是为了减轻初创企业的负担,使其轻装上阵,专心搞研究。

杭州市各级政府践行"不叫不到、随叫随到、办事周到"的服务理念,营造开放包容的营商环境,吸引了国内外优秀人

才和高水平科创资本，逐渐形成了AI创新创业的国际竞争优势。《杭州市人民政府办公厅关于高质量实施2025年市政府"为企办实事"项目的通知》（杭政办函〔2025〕6号）中明确提出，要打造"企业不用找服务、服务会找企业"的助企新模式，在主动服务企业、靠前服务企业上多总结经验，推动破解一批企业诉求集中的突出问题，探索形成政府有为、协同有力、企业有感的助企实践新路径。

在服务企业上，杭州不仅注重大企业，还关注小企业，做到了"抓大不放小"。"杭州六小龙"的出圈，体现出杭州对中小企业创新的关注。在很多城市，我们习惯于服务大企业、大项目，但杭州在企业服务上精准地关注到中小科创企业这一"长尾群体，"促进了"杭州六小龙"的崛起。所谓耐心政府、耐心政策、耐心资本，投早、投小，最大限度地体现了坚定地支持中小微科技企业的态度。

我们还要看到"一个对民营企业不打扰"的政府。对很多城市的地方政府而言，不是不支持企业，而是不知道在哪里支持、怎么支持，结果就是"乱支持"。对企业的支持方式有很多种，其中很重要的一种是无事不打扰、少打扰。对政府部门来说，"扰企"一定不是本意。但是，在实际工作中，"行政扰企"的现象比较普遍，这对企业来说是一种无形的压力和烦恼。

一是频繁调研却无法解决问题。少数企业反映，不同部门存在"车轮战"式登门调研，有的调研形式大于内容，甚至只是拍照打个卡，却依然会牵扯企业的精力，因为迎检一般要安排人员、准备台账、总结汇报等。此外,政府部门还会邀请企业代表参加会议,如调研会、座谈会等,导致企业应接不暇。不管现场调研还是座谈研讨,企业提出的问题总是得不到解决。

二是企业疲于应对报表填表、评优评比。少数地方政府类问卷填报不少,涉企报表也不少,在一定程度上存在重复甚至无效填报的现象,企业甚至需要专门设立"表哥""表姐"岗位,来完成各类填表工作。此外,地方涉企评比达标、示范创建任务等占用了企业较多的生产经营资源,导致创优争先成了负担。在全球经济承压前行的大背景下,不少行业、企业面临一定的挑战,"行政扰企"现象不仅让企业无法集中精力投入生产经营,也会影响地方政府的形象和营商环境。

六、不太完美的杭州

在杭州出圈后,不少城市都表达出城市发展的科技焦虑。"为什么'六小龙'不在……"等话题不断出现,甚至拿出各种数据进行分析比较,试图得出"你优我劣"的结论。当然,从一定程度上讲,"杭州六小龙"的崛起展现了杭州在培育企业和发展高新技术中的成绩,但杭州毕竟是一城,其也有自身的短板。

(一)城市经济体量亟须提升

2024年,杭州GDP为2.19万亿元,位居全国第八(见表10-2)。城市经济体量决定了城市在科技创新方面的投入和实力，从研发投入强度上看，2023年杭州的研发投入强度为3.92%，高于中西部地区城市，也高于广州，但相对于北京、上海、深圳有一定的差距（见表10-3）。2023年杭州全社会研发经费支出为786亿元，与北京、上海、广州、深圳在总量上存在数量级差距。

表10-2 2024年我国主要城市的GDP和增速

GDP排名	城市	GDP（万亿元）	增速（%）
1	上海	5.39	5.0
2	北京	4.98	5.2
3	深圳	3.68	5.8
4	重庆	3.22	5.7
5	广州	3.10	2.1
6	苏州	2.67	6.0
7	成都	2.35	5.7
8	杭州	2.19	4.7
9	武汉	2.11	5.2
10	南京	1.85	4.5

资料来源：根据网络公开资料整理而成。

表10-3 2023年我国GDP排名前10的城市全社会研发经费支出和研发投入强度情况

城市	研发经费投入（亿元）	研发投入强度（%）
北京	2947	6.73
深圳	2237	6.46
上海	2050	4.34

续表

城市	研发经费投入（亿元）	研发投入强度（%）
苏州	1055	4.28
广州	1043	3.44
成都	824	3.73
杭州	786	3.92
重庆	747	2.48
武汉	734	3.67
南京	666	3.82

数据来源：各城市统计年鉴及统计公报。

（二）数字经济与实体经济融合中面临"偏科"困境

根据杭州市统计局公布的数据，2024年杭州GDP为2.19万亿元，其中，第一产业增加值369亿元，增长3.3%；第二产业增加值5529亿元，增长3.8%；第三产业增加值15 962亿元，增长5.0%。三次产业结构为1.7∶25.3∶73.0。杭州第二产业的增速相对较低，存在产业结构"偏科"的隐患。现代服务业成为杭州经济增长的主要驱动力，杭州呈现明显的都市化产业结构。近年来，杭州的制造业增速放缓，工业增加值被成都、武汉等城市超越，第二产业占比从2000年的51.6%降至2024年的25.3%。杭州的工业增加值在我国GDP排名前十城市中处于末位，比第8位的南京少606亿元，比第9位的武汉少470亿元（见表10-4）。

杭州制造业是科技创新的本底，也是数字经济与实体经济融合的重要领域。杭州以数字经济和人工智能见长，堪称"数字经济第一城",但多数业务都集中在消费和服务领域,需要改变一直以来"研发在杭州、生产在外"的局面。数字经济与制造业融合不足,在一定程度上将影响杭州未来科技创新的质量和能级。

表10-4 2024年我国GDP排名前十城市的工业增加值及占GDP的比重

GDP排名	城市	工业增加值（亿元）	工业增加值占GDP比重（%）
1	深圳	11 800	32.1
2	上海	10 900	20.2
3	苏州	10 600	39.7
4	重庆	8912	27.7
5	广州	6728	21.7
6	北京	5937	11.9
7	成都	5148	21.9
8	南京	5015	27.1
9	武汉	4879	23.1
10	杭州	4409	20.1

（三）具有国际影响力、竞争力的企业数量还相对较少

与北京、上海、深圳等城市相比,杭州在链主型企业培育方面仍需持续发力。北京数字经济企业集群更为庞大,有京东、美团、小米等龙头企业。深圳科技产业链链主型企业多,如华为、比亚迪等,还有很多如立讯精密、富士康等关键零部件和产业链供应链企业。从中国民营企业100强上看,深圳企业涉及的行业更加丰富,行业龙头的实力强（见表10-5）。同时,北京、

深圳在软硬件方面相对均衡，北京有平台企业京东集团、美团和滴滴出行等，也有终端企业小米。深圳有科技大厂腾讯，也有终端企业华为和比亚迪。

表 10-5　2024 年中国民营企业 100 强中各城市排名前十的企业

排名	北京	上海	深圳	杭州
1	京东集团	复星集团	华为	阿里巴巴
2	联想集团	东方希望	腾讯	浙江荣盛
3	泰康保险	找钢网	比亚迪	吉利控股
4	美团	寻梦	万科	恒逸集团
5	小米	均和集团	顺丰	万向集团
6	建龙重工	新城控股	神州数码	蚂蚁集团
7	滴滴出行	上海钢联	立业集团	传化集团
8	民生银行	华勤技术	爱施德	富冶集团
9	百度	杉杉控股	阳光保险	网易（杭州）
10	理想汽车	大华集团	心里程	中天控股

资料来源：《2024 中国民营企业 500 强》。

面对城市科技竞赛，杭州能否保持竞争优势？"杭州六小龙"敲醒了很多城市的主政者，也让各城市明白创新才是城市的竞争力。毫无疑问，在杭州的影响下，北京、上海、广州、深圳等一线城市将会继续加码创新的力度，其他城市也会加速追赶，我国城市的科技竞争已经拉开序幕。

没有完美的城市，杭州也一样不可能十全十美，但杭州以一城之力，在局部赛道冲击了全球科技创新龙头，让中国创新出圈。杭州还需要继续砥砺前行，学习借鉴兄弟城市的好做法，在科创中国的征程中贡献更多的杭州力量。当然，阐述杭州的不完美，目的不是批评杭州的不足，更不是吹毛求疵，而是让更多的城市看到自己的长处，看到更多的创新希望，不够完美的杭州可以创造奇迹，也可以点燃中国科技创新的火炬。

第十一章

重新定义"全球城市":
科技创新定义一切

随着以数字经济为主导的科技变革持续深入，全球科技创新版图正持续进行深度重构。同时，作为科技创新的重要载体，全球各个城市也在加强科技投入和创新力量建设，以期在新一轮科技变革中，保持竞争优势，寻求崛起的动力。具备更好的科技创新生态的城市，将会有更多的科创企业不断涌现和生长，创新才得以奔流不息。一个城市的创新生态能级，决定了这个城市在国家和全球的位势，未来科技将对城市进行重新定义。"纽伦东巴"[①]将会因科技而发生改变，世界也可能出现新的"纽伦东巴"。

一、创新何以奔腾不息：创新的城市生态

当前，科技创新正按照"新技术—新产业—新变革"的发

---

① 世界四大一线城市纽约、伦敦、东京、巴黎的简称。

展逻辑对全球进行重塑。不论欧美发达国家还是印度、巴西等新兴国家，都高度聚焦科技变革，加强国家力量的投入，谋求各自的科技优势。在新一轮科技革命与产业变革深入发展的同时，大国竞争和科技博弈加剧，国际科技与产业合作水平和意愿趋于下降态势，多极化阵营更加明显，全球陷入"存量博弈"局面。全球科技创业也越来越趋向于在 AI、产业链供应链、生命科学、新能源新材料、量子通信、航天航空等"拥挤的高端"赛道进行竞争，全球主要国家正加速竞逐科技"擂台赛"。这一方面增加了创新竞争的强度，另一方面也加剧了对科创资源的争夺强度。

全球科技创新版图将持续进行深度重构，国家的发展位势、城市的竞争序列，都将发生变化。根据《2024 年全球创新指数报告》，全球百强科技创新集群名单中，中国拥有 26 个全球百强科技创新集群，超过 2023 年的 24 个，其中，4 个中国产业科技创新集群进入了前十强（见表 11-1）。世界知识产权组织首席经济学家卡斯滕·芬克（Carsten Fink）认为，全球百强科技创新集群反映了科技产出的增长，尤其是国际专利的增长，很多创新活动都发生在中国。从全球看，创新的培养皿是一个国家或国家的城市群；从国家内部看，创新更多地依托城市级的创新生态，城市是我国培育企业的主要载体。

表 11-1 按规模分列的 15 个全球创新指数科技集群

排名	集群名称	经济体
1	东京-横滨	日本
2	深圳-香港-广州	中国香港
3	北京	中国内地
4	首尔	韩国
5	上海-苏州	中国内地
6	圣何塞-旧金山、加利福尼亚州	美国
7	大阪-神户-京都	日本
8	波士顿-坎布里奇,马萨诸塞州	美国
9	南京	中国内地
10	圣迭戈、加利福尼亚州	美国
11	纽约市、纽约州	美国
12	巴黎	法国
13	武汉	中国内地
14	杭州	中国内地
15	名古屋	日本

资料来源:《2024 年全球创新指数报告》。

城市是科技创新最重要的空间载体,而科技创新已成为推动城市转型升级、人才聚集、基础设施建设、科学治理、实现高质量发展的关键引擎。一流的生态是支持科技创新不断蝶变的关键。构建优质创新生态、释放创新动能是培育发展新质生产力的关键之举。为此,不少城市提出打造自身的"创新雨林"。被称为"地球之肺"的亚马孙雨林是全球最大及物种最多的热带雨林,这里的生物多样性在世界上最为丰富,聚集了 250 万种昆虫、上万种植物和大约 2000 种鸟类与哺乳动物。

希望如阳光、雨露、沃土滋养雨林一样，各个城市能够为科技型企业创造生长环境。这就要求城市坚持把企业作为链接科技与产业的关键节点，打通技术、资本、人才等全要素，激发创新生态生长力，打造相互交融、相互依托的有机体系，促进创新要素自由流动、高效配置，在全社会营造鼓励创新、宽容失败的浓厚氛围，使各类创新主体与创新要素充分集聚耦合、叠加碰撞，产生强大的裂变效应。

正是因为像杭州这样的城市不断搭建城市的创新生态，才促使科创企业不断涌现和生长，创新才得以奔流不息。一个国家也只有通过构建起整个国家的创新生态及创新性城市集群，方能巩固其在全球科技创新中的竞争地位。全球各个区域因各自的基础本底和资源禀赋不同，全球科技创新呈现差异化的发展路径。近年来，我国在科技创新上取得了显著进步，逐渐建立起具有活力且竞争力强劲的创新生态系统。在国家创新的战略引导、企业自主创新和超大规模市场的共同推动下，我国在新能源、AI、数字经济等前沿领域迅速发展，并以此逐步确立在全球科技创新版图中的重要地位。

在当前全球科技竞争中，AI毫无疑问成为最重要的领域。在建设城市创新生态过程中，需要加强算力、人才和应用生态的建设。一是全球数字化转型已进入倍增创新阶段，算力成为云计算、工业互联网、AI等新技术发展的天花板。"一切皆计算"成为数字经济的底层逻辑，数字算力成为比流量更宝贵的资源。根据华为的测算数据，未来10年，通用算力将增长10倍，AI算力将增长500倍。数字经济是国际竞争的主战场,算力更是竞争的重器。数字经济发展进入算力时代,算力经济登上历史舞台。对城市而言,尤其是万亿级城市,算力既是软实力,又是硬实力,哪个城市能够掌握先进的算力,哪个城市就更有机会掌握区域竞合和产业创新的主动权。

二是引育面向未来的创新创业人才,可以以更为开放包容的全球人才战略,吸引集聚一批算力算法领域的全球顶级人才。政府相关部门需要联合本地高校和行业龙头企业,成立各类创新平台和载体,面向全球引进国际顶尖人才,形成人才雁阵格局。

三是发挥各自的产业优势,用好产业集群优势。各地政府可以立足不同的产业特点和差异化需求,用产业场景、城市服务场景等,全面深化重点产业和城市治理的数字化转型,构建面向未来的制造业创新生态。

二、全球科技的"纽伦东巴"

城市的发展是科技和产业在空间聚集的结果,人因产业而集聚,产业因技术变革而发展,城市因产业和人的集聚而生成。改变城市在全球地位的根本动力来自产业变革的技术推动。随着城市推动新科技发展的实力、运用新科技的程度,以及创造先进科技的能力等不断提升,其在全球科技创新和城市综合实力等方面的影响力、吸引力、竞争力将不断增强。当前,越是发达的国家和强大的城市,越会不遗余力地促进科技创新的发展,以构筑城市竞争新优势。

古希腊时代,城邦引领了西方文明的发展,通过加强城邦内外的商贸往来,形成了自身的经济和产业体系,也形成了贸易型城市雏形。在整个城市经济命脉中,贸易占据主导地位,形成了古希腊城邦经济。城邦和城邦之间,以及城邦和外部进行密切的贸易往来,交换各种物品和产品,促进了经济的发展和繁荣。

全球城市是工业革命以来人类创造的一种文明发展的新模式。工业革命时期,因工业生产的发展,全球城市和经济又一次发生重构,制造业成为城市发展的根本动力,全球涌现了一批新的城市。经济史学家卡尔·波兰尼(Karl Polanyi)在《大转型:我们时代的政治与经济起源》一书中明确指出:"工厂制度的出现,让生产变得更加集中、规模化,彻底颠覆了以往的生产组织形式。"经济史学家戴维·兰德斯(David Landes)在《国富国穷》中提及:"工业革命让欧洲的经济结构发生了根本性转变,从以农业为主导转变为以工业为主导,生产力实现了前所未有的飞跃。"

尽管第一次工业革命发源于曼彻斯特,但受工业革命影响最大的城市还是伦敦。伦敦作为横跨泰晤士河的古老城市,凭借其得天独厚的地理优势,在16—17世纪随着大商人和冒险家的崛起,对外开辟了航线,成为早期的海陆交通贸易中心,以及大航海时期国际贸易的重要枢纽。在19世纪工业革命的浪潮中,纺织、钢铁等制造业的迅猛发展推动了伦敦的快速扩张。伴随着工业化的进程，大量农村人口涌入城市。在工业革命的推动下，伦敦的城市生产力获得了显著提升，它一度成为世界上最大的城市之一。

当第二次工业革命的浪潮席卷纽约时，给纽约带来了重大的发展机遇。纽约的制造业迅速崛起，工厂如雨后春笋般涌现。从服装制造到钢铁生产，纽约的工业产品源源不断地被运往世界各地。随着制造业的发展，金融行业因此出现，纽约逐渐取代伦敦成为全球最重要的金融中心之一。

在第三次工业革命的影响下，美国硅谷逐步彰显科技城市的技术张力。进入21世纪，受美国次贷危机的影响，纽约的城市竞争力下降，纽约政府重新对纽约产业结构进行调整，推动传统媒体产业、广告、金融等与科技的结合。在政府的推动下，美国科技企业以曼哈顿下城第五大道与百老汇交界处的熨斗大楼为中心，逐渐扩展至曼哈顿中下城和布鲁克林的 DUMBO 区①实现集聚，并形成"硅巷"，逐步形成了科技、艺术与商业交融的经济模式，推动纽约成为美国东海岸的科技中心。

（一）"纽伦东巴"是过去传统制造和金融全球化时代的产物

在全球新一轮科技变革、大国竞争、地缘政治等多重影响下，全球城市的竞争格局正在发生巨大变化，特别是 AI 时代，科技创新城市的竞争力将得到进一步增强，在全球城市排序中将

---

① "Down Under the Manhattan Bridge Overpass" 的缩写，主要是指布鲁克林大桥和曼哈顿大桥延伸到布鲁克林区的一片桥下区域。

越发靠前。

表 11-2 给出了城市指数主要报告。

表 11-2 城市指数主要报告

排名指数名称	发布单位	评价维度	特色/侧重
全球城市潜力排名（GCO）	科尔尼咨询公司	城市的未来发展潜力、商业吸引力、基础设施	着重评估城市的未来发展潜力及其在全球竞争中的地位
全球创新指数（GII）	联合国世界知识产权组织（WIPO）	创新能力、科研水平、技术发展、创业环境	聚焦创新驱动力，评估科技、企业创新、科研设施等方面的综合水平
全球宜居性报告（GLI）	《经济学人》	生活质量、教育、医疗、社会稳定、安全等	评估城市的宜居性，侧重生活质量、社会福利、公共服务等维度
智慧城市排名（CMI）	IESE 商学院	城市智能化程度、数字化服务、基础设施	着眼城市数字化、智能化服务，评估城市的创新和数字技术应用情况
智能城市指数报告	瑞士洛桑国际管理发展学院	城市智能化、技术应用、公共管理、环境	着重城市智能化和技术应用，特别是公共管理和环境可持续性方面的评价
国际科技创新中心指数	清华大学产业发展与环境治理研究中心和自然科研	科技创新中心的地位、科技产出、创新环境	专注于科技创新中心的构建及其在全球科技领域的影响力
创新城市指数	2ThinkNow[①]	创新环境、科研投入、企业生态、教育资源	评估城市创新环境、企业生态和人才培养体系等因素的综合表现

资料来源：根据公开资料整理而成。

---

① 澳大利亚的一个智库，从 2006 年起，一直致力于创新型城市评价研究。

（二）"纽伦东巴"在行动

近年来，纽约推出了四大科创计划，分别为"应用科学计划""众创空间计划""融资激励计划""城市更新计划"。其中，"应用科学计划"旨在将科学研究成果进行商业转化；"众创空间计划"旨在搭建创新空间网络，吸引创业者；"融资激励计划"旨在为纽约的创新企业提供定向资金支持；"城市更新计划"则为旧城更新找到了产业动能。

英国政府发布"AI 机遇行动计划"，通过大力推广 AI，以促进经济增长、创造就业机会并提升公共服务水平。目前，伦敦、剑桥、爱丁堡和曼彻斯特等城市已成为英国 AI 创新中心。伦敦是英国的金融服务和科技创新之都，英国 54% 的 AI 企业在伦敦创设。2023 年 10 月，伦敦发起了"伦敦创造"（London Creates）活动，庆祝伦敦成为世界上最具创造力的首都。伦敦每年有数十亿英镑风险投资资金支持初创企业的 AI 产品研发及规模型企业的 AI 转型。

东京都政府自 2022 年就提出"全球创新与创业计划"，该计划被称为"10×10×10 创新愿景"，希望在未来 5 年内将东京的独角兽企业、初创企业及公共和私营初创企业数量增加 10 倍。

巴黎在马克龙政府的科技前沿计划的推动下，已经成为法国的科技创新中心。马克龙政府针对科技创新出台了一系列政策，如对初创企业实行税收优惠，设立 100 亿欧元的基金来刺激突破性创新，以及实施总额达 300 亿欧元的"法国 2030 投资计划"等。巴黎提出以充满活力的科技场景推动科技的增长，目标是到 2030 年拥有 100 家独角兽企业。巴黎南郊萨克雷高地的科技生态社区被法国政府认证为"科技之都",目标是成为"深度科技代言者"。

三、中国创新的"前沿城市"

新一轮科技革命与产业变革方兴未艾,全球地缘政治、经济和创新版图也在经历剧烈变动,创新全球化和本地化趋势同时增强。国家间的科技创新竞争日益凸显出城市的重要性。全球各类城市排行竞相登场,城市间的角逐也日趋激烈。

"杭州六小龙"各具特色,以创新的技术和前瞻性的应用,重新定义了行业的未来,也重新定义了杭州。

(一)中国的城市正加速奔赴科创的"星辰大海",以科创之"新"带动城市之"进"

当前,我国城市的竞争正加速从"要素驱动"向"创新驱动"转型,从"招商引资"向"发展科技、培育企业"转型,从"短平快"向"长期主义"转型。科技创新是城市发展的核心引擎,更是衡量一座城市竞争力的关键指标。越来越多的城市坚持把创新驱动作为城市发展主导战略,完善科技创新体系、加快实施创新驱动发展战略等,以科技创新引领现代化产业体系建设,将科技创新"第一动力"转化为高质量发展的"最大增量"。

过去，改革开放推动了我国城市在全球城市排名中的崛起，新一轮科技变革更是给中国城市的未来打开了一片新天地。不同城市资本实力、产业基础、区域条件、人才储备等方面的创新资源禀赋各异，呈现差异化创新、协同性创造等特征，整体表现出"你追我赶"的良好态势。据国家统计局数据，2024年我国全社会研发经费投入为36 130亿元，比2023年增长8.3%；研发经费投入强度达到2.68%，比2023年提高0.1个百分点（见图11-1）。北京、上海、深圳、杭州等城市成为我国科技创新的枢纽，吸引了大量人才和资本，基于庞大的国内市场需求形成了从基础研究、技术创新到产业创新的完整产业集群。

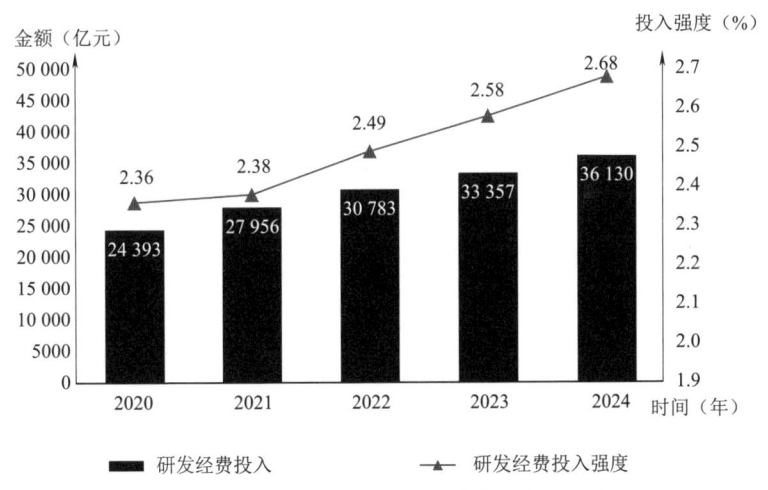

图 11-1　2020—2024 年全社会研发经费投入及投入强度

资料来源：国家统计局。

2024年，中国万亿级城市达到27座，这些城市将成为我国科技创新的主战场（见表11-3）。从经济总量看，上海已经实现5万亿元，北京为4.98万亿元。深圳、重庆、广州处于3万亿～4万亿元梯队。苏州、成都、杭州、武汉处于2万亿～3万亿元梯队。从经济增速看，21座万亿之城经济增速高于或等于全国（5%）。其中，7座城市在2024年经济增速高于或等于6%。

表11-3　2024年我国GDP达到万亿元及以上的城市

GDP规模	城市
4万亿元	上海、北京
3万亿～4万亿元	深圳、重庆、广州
2万亿～3万亿元	苏州、成都、杭州、武汉
1万亿～2万亿元	南京、宁波、天津、青岛、无锡、长沙、郑州、福州、济南、合肥、佛山、西安、泉州、南通、东莞、常州、烟台和唐山

（二）科技创新的优秀城市

除了杭州，我国还有不少优秀的城市一直坚持在创新的路上。在关注杭州、学习杭州的同时，我们看到更多的城市在科技创新上的经验探索。例如，深圳在科技创新中的多个"90%"，以强化企业科技创新的主体地位：90%以上的创新型企业是本土企业，90%以上的研发机构、研发人员、研发资金都在企业，90%以上的职务发明专利和重大科技项目发明专利都出自企业。在深圳的创新丛林里，不仅有华为、比亚迪、腾讯这样的参天"大树"，也有大疆、优必选等高成长性的"灌木"，更孕育出了努力生长、充满韧性的"藤蔓"。

在上海，张江科学城集聚了2.48万家企业、181家外资研发机构、70家跨国公司地区总部，建设了上海光源、国家蛋白质科学中心等大科学装置，形成"张江研发＋上海制造""张江研发＋浦东转化""张江研发＋外区转化"等科技创新模式。[①]

成都高新区持续加码科技创新，推动中国文化与科技创新融合，助力"哪吒"系列电影的强势出圈。2024年，成都高新区总共建设战略平台7家，新增国家级创新平台2个，累计达68个。[②] 天府绛溪实验室、北大成都研究院、芯华创新中心、无线智能研究院等为电影产业等文化领域的科技创新提供了潜在的技术支持与人才储备。

此外，还有合肥的"风投之城"模式、武汉的光谷模式、苏州中新工业园模式等各种创新模式的探索。可以说，中国城市的科技创新一直在路上。

展望未来，中国将在全球科技创新版图中扮演更加重要的角色，中国的城市更需要强化科技创新的引领作用，积极在全球城市竞争中保持领先位势，进一步巩固和提升我国在前沿科技领域中的领先地位，为全球科技创新贡献更多的中国力量。江苏省委机关报《新华日报》连发三问：DeepSeek为什么会出现在杭州？为什么南京发展不出"杭州六小龙"？杭州有DeepSeek，南

---

① 何欣荣，董雪. 硬核科技撑起万亿营收　新质生产力看上海张江[N]. 经济参考报，2024-08-06.
② 生产总值迈上3400亿元 成都高新区加快建设世界一流高科技产业园区[OL]. [2025-02-26].https://www.peopleapp.com/column/30048358018-500006113808.

京有什么？从中可以看出，我国城市展现出布局科技创新的强劲内在动力。杭州经验也使各个城市认识到：需要主动顺应全球科技创新的新趋势和时代新风向，不断厚植创新基因，持续优化创新环境，积极培育创新主体。

创新的中国，既需要"从1到10"的策源创新型城市，也需要"从1到10"的技术创新型城市，以及众多"从10到100"的产业创新型城市，未来会有更多的中国城市跻身全球科技创新的"前沿"，成为科技创新的"全球城市"。

（三）培育颠覆性、前沿性的未来企业

企业是城市创新生态体系的重要构成单元，科技创新的落脚点最终还是企业。如果把产业生长比喻成万物生长，政策是阳光，资金是雨露，营商环境是土壤，城市是创新雨林，那么创新创业企业就是创新雨林中的种子、树苗与参天大树。城市的崛起和创新的突围，靠的是具有颠覆性、前沿性引领能力的未来企业，就像森林里未来能够成长为参天大树的树苗。作为地方政府，需要建立起发现这些种子企业的体制机制，建立能够促进企业生长的营商环境。更为重要的是，中小企业在地理空间上高度自由地聚集，由此将形成一种共生的力量，这种共生的力量使得整个城市的科创生态得以发生各种化学反应，通过融合与共生、相互作用、共生共享，从而迸发出新的生产力，诞生出更多的科创企业。

（四）发展未来产业

"未来产业"是一个相对宽泛的概念，地方政府需要结合自身的城市特质，因地制宜地建立起城市的未来产业体系。正所谓，"没有夕阳产业，只有没落的企业"。传统产业要结合科技变革趋势，有效地实现产业的转型。地方政府要围绕城市重点产业、主导产业的关键共性技术需求，构建集基础研究、技术创新与成果转化于一体的全链条科技创新平台体系，促进城市产业转型，比如从过去的纺织服装行业到今天的时尚行业，从过去的钢铁化工到今天的新能源新材料，从过去的广告设计到今天的数字创意产业。

不是所有的城市都在一个拥挤的赛道中过独木桥，各地政府应该抓好战略和规划，明确城市发展的重点产业、科技创新的主攻方向和突破口，结合各自的优势和禀赋，培育新的创新组织，探索适合城市特征的"西天取经路"。

（五）以未来城市场景撬动科技创新

发展创新生态、培育未来产业，离不开场景。在培育发展新质生产力的要求下，城市要善于挖掘未来产业的应用场景，把建设未来城市作为推动科技创新和产业转型的场景应用。

根据第七次全国人口普查，我国有21个超大特大城市（见表11-4）。超大特大城市是我国在全球科技创新领域的一大优势，可以率先探索构建未来城市，超大城市治理、公共数据、产业活动等是新技术的最大应用场景，也是培育企业的最佳练兵场。

表 11-4 我国超大特大城市

分类	城市	个数	常住人口标准
超大城市	上海、北京、深圳、重庆、广州、成都、天津	7	1000万以上
特大城市	武汉、东莞、西安、杭州、佛山、南京、沈阳、青岛、济南、长沙、哈尔滨、郑州、昆明、大连	14	500万~1000万

资料来源：国家统计局.经济社会发展统计图表：第七次全国人口普查超大、特大城市人口基本情况[J].求是，2021（18）.

以无人驾驶为例，我国的交通场景多元优势明显，在气候上，我国有南方和北方的各种气候场景；在特大城市中，交通和人流密集，既有各类高架桥，又有很多地下隧道。场景的丰富度是我国与欧美国家的突出差异，我国正是训练智能驾驶技术的最佳实践场。

（六）完善产业政策

政策赋能是技术创新和产业创新的关键一环。在发展新兴产业过程中，需要进一步完善政策体系，搭建高能级的创新平台，推动企业高水平成长和产业规模稳步扩张。《黑神话：悟空》的成功，在一定程度上受益于杭州2005年出台的一个规划。2005年12月7日，杭州市出台《杭州市动漫游戏产业发展规划（2006—2010年）》（以下简称《规划》）。《规划》明确提到，要将杭州打造为"动漫之都"。彼时杭州的动漫产业几乎一片空白，但杭州坚持持续迭代动漫游戏产业的鼓励和扶持政策。

今天，杭州已经形成了完善的动漫游戏产业链条，实现了由小到大、由大到强的跨越式发展。完善城市的产业体系，要根据不同产业的特点和发展阶段，制定差异化的产业政策；要持续优化传统产业、战略性新兴产业，以及未来产业的结构比例，鼓励传统产业与新兴产业之间的交叉融合与协同创新。

各地政府要建立起企业培育的体制机制，支持企业成长，要加强产业链上下游的衔接和配套，支持和引导当地龙头企业引领生态化发展，形成"以点带链"，推动创新链、产业链、资金链、人才链、价值链等深度融合；还要加强产业政策对更前端的行业和企业的支持力度，加强国有创投资本投后管理和服务的能力，解决企业在发展中的问题和困难。此外，各地政府更要注重在运营、公共服务、数据开放等方面的场景开放，促进企业获取更多的产业资源，迭代技术，锻造产品。

（七）善为和不为的服务型政府

我国的地方政府是具备一定资源调配能力的功能性政府，具有经营城市和发展产业的资源储备。但我们也要看到，因为城市的产业能力薄弱、科技创新能力不足，不少城市陷入以"挖企业"为主的招商依赖，在很大程度上刺激了内卷式竞争。各级各地政府竞相实施的以财政资金补贴为主的招商引资政策和产业培育扶持政策等手段，片面追求本地局部利益，人为制造招商引资的盲目无序竞争，不仅不利于行业良性竞争，也造成社会资源的耗散和浪费。同时，我们还看到一些政府部门，为了促进科技和产业发展，盲目跟随，忽视城市和区域的资源禀赋，过度追赶"高大上"，没有切合本地资源因地制宜地发展新质生产力，规划各种科技新城、科技园区。

  企业的发展有其自身的步伐和节奏，科技创新也有其自身的发展规律，地方政府需要改变当前城市以招商引资为导向的"抢资源"模式，转变为以科技创新为核心的内生性"育生态"模式，加强创新的集聚，出台有利于促进"人才链—创新链—产业链"融合的政策。同时，地方政府更要守住"有为"政府的边界，少一些干扰企业经营和生产的行为，专注于做好营商环境建设。所谓的"有为"政府就是"干市场干不了、干不好的事情，干市场需要你干的事情"，而不是越俎代庖，自己"下场"帮企业干，甚至代替企业干。

（八）构建开放的全球创新网络

  我国科技创新已经进入构建多样共生、层次交互、动态稳定和协同开放的创新系统的全新阶段。面对日益复杂和充满挑战的国际环境，我们要以更为积极主动的姿态融入全球科技创新网络，构建全球科技共同体，实现科技创新的双循环。科技创新城市需要主动布局、超前规划布局，畅通创新要素流动，建立共享开放的城市群创新集群，构建国际国内创新网络和生态。地方政府要鼓励企业在全球建设研发中心，利用国际创新资源，加强对国际创新团队和人才的招引，支持企业加强与跨国公司的产业链、供应链及创新链的合作，同时也要全力吸引跨国公司在本地设立研发总部、研发机构等。

后记

作为智库工作者,笔者习惯于观察城市、观察中国的创新。笔者撰写本书的目的是希望从杭州经验中为中国创新找到更多启发,为更多的城市主政者因地制宜发展新质生产力提供参考。

所谓千人千面,一千个人对杭州也许有一千种看法。"杭州六小龙"现象引发国内外对杭州的思考,也引发各界对大国创新的思考。当前,大国科技竞逐日趋激烈,创新成为大国博弈的焦点。当下解析杭州,显得尤为重要。借鉴杭州、学习杭州,学什么?怎么学?这已经成为很多城市主政者、智库研究人员及社会公众关心的一个话题。杭州将中国城市竞争的焦点推向了建设"创新生态"的深层逻辑。

正所谓"为什么是杭州,如何不仅是杭州",本书的落脚点在大国创新。一个国家的创新何以奔腾不息,靠的是一大批具有创新精神的企业家,靠的是支持"硬科技"创新成长的城市沃土。在这个"科技创新定义一切"的时代,传统上以跨境金融和商业服务为核心的，以"纽伦东巴"为代表的全球城市评价体系会发生变化，中国城市的位势也会发生变化，所以顺应科技变革大势，主动谋变，发现科技创新的企业群体，扶持企业发展壮大，培植具有更高成长性的产业，才是当前城市发展的应有之义。

外人看杭州，难免管中窥豹，存在很多疏忽。多年来，我们陆陆续续对杭州做过一些调研，也给杭州企业提供过一些咨询服务，但总是从某个方面、单个节点出发。创新是一项系统工程，涉及城市的方方面面，千头万绪，难以尽善尽美。分析杭州不是一味地赞美杭州，我国还有很多优秀的科创城市。本书只是以杭州为典型案例，试图分析中国创新的新路径、新打法与新模式。当然，本书对杭州的分析只是一家之言，对杭州的描述可能会有很多不足，所涉及的数据和案例有失误的地方，存在的诸多不当之处请大家多多包涵。

从2月到4月，匆匆不到三个月的时间，从一个初步的想法、一次次提纲的修改与讨论，到最后的文字打磨，十分仓促。写作是一件痛苦的事情，也是一件快乐的事情。所谓"不识庐山真面目，只缘身在此山中"，痛苦之处在于，笔者在很多方面对杭州仍不够了解，诚惶诚恐，生怕错过杭州每一个美好的一面，生怕表述不当引起各方误解；快乐的是一个个视角的突破和最终的成稿。感谢中信出版社的约稿，感谢陈振华参与了撰写和校对，也感谢沈小鲁、古铮铮、李梦捷，实习生李隆欣、张会倩等为写作提供资料。

写完本书，更加感慨这个时代。这是一个创新迸发的好时代，感慨中国创新者以一己之能冲破全球创新的"天花板"。从李约瑟难题到钱学森之问，中国人一直被困在欧美发达国家所创造的创新世界里。"杭州六小龙"让我们看到了新一代创新人才"我命由我不由天"的勇者气概，看到了中国科技的自信，更看到了"高水平科技自立自强"的未来。

最后，以此书，向杭州祝贺，向中国创新者致意，向时代致敬。